中國傳統文化經典集

儒家文化

闫惠／闫寒◎编 著

时 事 出 版 社

图书在版编目（CIP）数据

儒家文化/闫惠，闫寒编著．—北京：时事出版社，2014.9
ISBN 978-7-80232-585-2

Ⅰ.①儒…　Ⅱ.①闫…②闫…　Ⅲ.①儒家—传统文化—研究
Ⅳ.①B222-05

中国版本图书馆 CIP 数据核字（2014）第 318342 号

出版发行：时事出版社
地　　址：北京市海淀区巨山村 375 号
邮　　编：100093
发行热线：（010）82546061　82546062
读者服务部：（010）61157595
传　　真：（010）82546050
电子邮箱：shishichubanshe@ sina. com
网　　址：www. shishishe. com
印　　刷：北京百善印刷厂

开本：787×1092　1/16　印张：16　字数：228 千字
2014 年 9 月第 1 版　2014 年 9 月第 1 次印刷
定价：32.00 元
（如有印装质量问题，请与本社发行部联系调换）

前　言

儒家文化简称为儒学，指的是儒家学派的思想，春秋时期由孔子创立，最初指的是司仪，后来逐步发展为以尊卑等级的“仁”为核心的思想体系，是中国影响最大的流派，也是中国古代的主流意识。

儒学的发展经历了漫长的历史。原始儒家思想上承周代文化的社会哲学理想，为世人奉献了“四书五经”等诸多经典。战国后期，儒学发展成为诸子百家中的蔚然大宗。汉代时，董仲舒主张“独尊儒术”，被汉武帝采纳，从而使儒家思想逐渐成为中国思想文化的主流。发展到宋代，儒学又出现了一个高峰，即程朱理学。直到近代，儒家思想的地位一直很稳固，无人能将其撼动。五四运动时一声“打倒孔家店”，将中国古典文化特别是儒家思想打倒在地，成为儒学最低谷的时候。但随着时代的发展，儒学复苏，出现了当代以梁漱溟、熊十力、冯友兰等为代表的“新儒家”。

儒学的生命力从何而来？这当从儒学本身以及它与其他各

家的比较中寻找答案。对于儒、释、道三家，国学大师南怀瑾先生有一个生动的比喻：儒家好比粮食店，为人们提供必不可少的精神食粮；佛家是百货店，日常用品，林林总总，一应俱全；道家则是药店，灵丹妙药，用以济世救人。“儒家店”必须光顾，圣人曰：饮食男女，人之大欲；“佛家店”则随时可以逛逛，有钱则购，无钱则望；“道家店”则是无事不必登。

可见，儒家思想是我们共同的精神家园，儒家思想最主要的内容包括两个方面：一是政治思想。历代儒家人物提出了大量关于国家与社会的治道、政道、为政之道等政治智慧。二是人学思想。儒学中蕴涵了非常丰富的有关为人处世、人生哲理等人生智慧。特别是提出了为什么要做人、做什么样的人以及如何做人的道理。

儒家传统在中国建立和流传已有2000余年。一直以来，儒家文化在传统中国社会居于主导地位，其影响既深且远。概括而言，儒家传统文化对中国影响最大的有三方面：首先，是读书人或知识分子在社会中的地位受到尊崇。换言之，“士人社会”是儒家文化的一个重要特色。第二，儒家所建立的道德体系和伦理思想，是中国传统社会、宗族、家庭维系的纽带和生活的准则，尤其是家庭伦理更是社会运作及政治秩序的根本基石。第三，儒家重视人格尊严，对生命和气节同样重视，而不以权势利欲为依归。

上述三点——士人社会、家庭伦理、人格尊严——构成了儒家传统的精粹。古人云：“人同此心，心同此理。”虽然当代中国的社会文化环境与古代中国社会相比已经发生了很大的变化，但也存在着许多共同的问题，儒家思想文化中无疑有需要舍弃和批判的地方，作为一门入世之学，儒家的宇宙观、人生观、教育观等思想精华在当代仍具有普遍性价值。本书的目的就是撩开儒家思想神秘的面纱，正如2000多年前一样，给人以有益的启示，使读者能从中撷取智慧的浪花，从而使自己的人生之路走的更充实、更顺当。

编者

2014年5月于北京

目录

第一章

儒家文化的历史沿革

盖文章，经国之大业，不朽之盛事。

——三国·魏·曹丕《典论·论文》

1. 儒家文化的起源

儒家文化源远流长，是中国传统哲学思想的精髓所在，那么究竟什么是儒？儒家思想的源头在哪里？只有理解了这些儒家文化的根本性概念，我们才能更好地理解儒家文化的内核。

(1)“儒”产生的渊源及最初的思想内涵

“儒”这个称呼起源甚久。据典籍《汉书·文艺志》及刘向所著的《七略》中记载：“儒出于司徒之官。”“司徒”是中国历史上最早出现的官职之一。相传上古时期，在尧担任炎黄部落时，即已设立“司徒”一职，其职责是管理民众、土地和教育等行政事务。舜、禹就曾经担任尧的“司徒”。由此可知，最初的儒是与初民社会中人神交通的巫祝活动相关的。

“儒”不论从字面还是历史沿革来看，都蕴含着“柔软”的含义。

首先，根据东汉许慎《说文解字》的解释：“儒，柔也，术士之称。从人，需声。”意思是说，儒字属于需字族。在需字族里，需字都是声符兼义符的。需字族汉字都与“柔软”之义有关。因此，“儒”字的本义是“身体软弱的人”。

其次，随着时代的变迁，最晚到殷代，儒者由精通当地风俗文化和礼仪习惯的人，逐渐变为了专门负责治丧、相礼和教学的人，当时统称为“术士”，他们可以看作为中国早期的知识分子阶层。通常来说，从事这些职业的人地位低微、收入少，很难拥有固定的财产和收入，做事时还要仰人鼻息，所以容易给人以“柔弱”的印象。

在我国，儒家思想有深厚的历史文化传统。历史上，儒学诞生于“礼崩乐坏”的春秋时代，而其又是上古以来礼乐文化传统的集大成者，因此可以说，上古礼乐文化是儒学产生的摇篮。

（2）儒家思想起源与礼乐制度的发展相关

礼乐的起源与人类文明的演进是同步的。《礼记·礼运》说：“夫礼之初，始诸饮食。其燔黍捭豚，污尊而杯饮，贵桴而上鼓，犹可以致其敬于鬼神。”可见，早在原始社会的生活中已有“礼”的萌芽。到了夏商周时期，礼乐的发展更具规模。据《史记·五帝本纪》记载，唐虞时代已初具礼乐，如：尧命舜摄政，“修五礼”；舜命伯夷典三礼，为秩宗；夔典乐，教胄子，习诗歌，等等。

其实，礼乐制度是由巫祝文化发展而来。中华文明像许多古老的文明一样，也经历过原始宗教时期，或者称为巫祝文化时期。如辽西红山文化中便有着五千年前巨大的神庙遗址。据许慎《说文解字·示部》记载：“礼，履也，所以事神致福也。从示从豊。”所谓“豊”，乃“行礼之器，从豆，象形”。因此“礼”字的本义是指祭神之器，而后引用为祭神的宗教仪式，再后才泛指人类社会日常生活中的各种行为仪式。关于这一点，其他文献记载中也有所印证，如《易经·豫卦》中说：“先王以作乐崇德，殷荐上帝，以配祖考。”既然有着如此渊源关系，那么礼乐文化中非常明显地保留着巫祝文化的残余也就不足为怪了。

“立卜筮以质鬼神”是孔子以来的儒学传统，而其后韩非以“巫祝”喻儒者，显然并非全无道理。

2. 儒家文化形成的时代背景

儒家诞生于春秋末期，它的出现与当时的时代背景有着密切的关系。

(1)“礼崩乐坏”局面的出现

中华文明经历了夏、商、周近1700年的发展，到了春秋末期，历史发生了划时代的变革，安定和谐的政治局面不复存在。

春秋时期是奴隶制社会向封建制社会转变的时期。这一时期，经济上井田制崩溃，政治上周王室衰微、诸侯士大夫崛起，阶级关系上也出现新的变化，传统的礼法秩序受到了猛烈冲击。西周时所建立的由天子、诸侯、大夫、士、庶人等所组成的宗法等级制度构建的奴隶制大厦正在逐渐倒塌，作为其支柱的嫡长子制受到破坏。周礼日渐失去生存土壤，许多礼乐规定失去往日效力，出现“礼崩乐坏”的局面。

但这并不意味着礼乐文化的失传湮没，而是对周礼宗法等级制的挑战。按周礼规定，“礼乐征伐自天子出”，而春秋时期则是“自诸侯出”，甚至“自大夫出”，还出现“陪臣执国命”的现象。春秋时期，诸侯朝见天子的旧礼日渐减少，相反天子却要向诸侯朝聘。周桓王在位25年，就曾5次聘问鲁国；霸主晋文公大会诸侯时，竟召周襄王参加，使天子威信扫地。原来规定只有天子才可以使用的礼仪、服饰、器物等，在此时不仅诸侯可以用，而且大夫也可以用。“臣弑君、子杀父、少凌长、庶废嫡”等违背周礼的行为司空见惯，人际关系紧张。

生活在这一时代背景下的孔子亲眼目睹了当时的混乱局面，决心通过恢复周礼，来继承发扬传统文化和能够改善人际关系的社会道义，从而创立了以仁和礼为核心的儒家思想。

（2）鲁国文化催生了儒家文化

孔子之所以创立儒家学派，除了与春秋时期的社会变革有关，还与他生活的鲁国文化传统有着密切关系。

西周时，鲁国在诸侯国中居于特殊地位。鲁国是周武王之弟周公（姬旦）的封国。因周公辅佐周成王有功，封于“少昊之虚曲阜，是为鲁公”。但是，周公因为要留在朝中辅佐成王，便派儿子伯禽到曲阜代他受封。周成王十分感激周公的恩德，便使鲁国享有天子独有的祭祀天和祖庙的特权，还将天子和王室独享的典籍、简册、各种礼器封赐于鲁国，而这些特权是其他诸侯国所没有的。后来，周王室的典籍、礼器等，在犬戎入侵时，周平王东迁洛邑的动乱中，几乎全都丧失了。但是鲁国并未遭此劫难，所以一直保存着王室赐予的这些物品。因此，当晋国的韩宣子到鲁国聘问，从太史氏那里看到所藏的《易》、《春秋》等典籍文献之后，发出了“周礼尽在鲁矣”的感叹。

正因为周成王的偏爱，鲁国才有幸成为保留传统文化最丰富的诸侯国，也就出现了当时天下诸侯要学习礼乐制度都要到鲁国去的情况。因此，孔子思想的形成与儒家在鲁国产生，绝不是偶然的。

3. 儒家学派的创始人

孔子（前551—前479年），名丘，字仲尼，春秋时鲁国陬邑（今山东曲阜）人，春秋末期思想家、政治家、教育家，儒家学派的创始人。

（1）孔子的家世渊源

据史料记载，孔子的祖先本是殷商后裔，故为子姓。周灭商后，周武王封商纣王的庶兄、商朝名臣微子启于宋（夏邑）。微子启死后，其弟微仲即位，微仲即为孔子的先祖。自孔子的六世祖孔父嘉之后，后代子孙开始以孔为氏，其曾祖父孔防叔为了逃避宋国内乱，逃到了鲁国。孔子的父亲叔梁纥（叔梁为字，纥为名）是鲁国出名的勇士。叔梁纥先娶施氏曜英，晚年与女子颜征在生下孔子。孔子的思想与孔母有很大关系，其母颜征在和他的外祖父颜襄对孔子的一生产生了深远影响。

（2）孔子的生平

孔子3岁时丧父，随母亲移居阙里，并在那里接受教育。孔子幼年就不像一般儿童那样好玩耍，而是经常把祭祀时存放供品用的方形和圆形俎豆等祭器摆列出来，练习磕头行礼。长大后，他做过管理仓库的“委吏”和管理牛羊的“乘田”。他虚心好学，学无常师，相传其曾问礼于老聃，学乐于苌弘，学琴于师襄。30岁时，他已博学多才，成为当地较有名气的一位学者，并在阙里收徒授业，开创私人办学之先河。其思想核心是“仁”。他把“仁”作为行为规范和目的，使“仁”和“礼”相互为用，主张统治者对人民“道之以德，齐之以礼”，从而再现“礼乐征伐自天子出”的西周盛世，进而实现他一心向往的“大同”理想。

孔子35岁时，因鲁国发生内乱而奔齐。为了接近齐景公，他做了齐国贵族高昭子的家臣。次年，齐景公向孔子询问政事，孔子回答说：“君要像君，臣要像臣，父要像父，子要像子。”景公极为赞赏，欲起用孔子，因相晏婴从中阻挠，于是作罢。不久孔子返鲁，继续钻研学问，培养弟子。51岁时，他担任鲁国中都宰。由于为政有方，52岁时他由中都宰提升为司空、司寇。公元前500年，鲁定公与齐景公会于夹谷（今山东莱芜境内的夹谷山），孔子代理司仪，他提出“举行和平盟会一定要有武力作为后盾，而进行军事活动也一定要有和平外交的准备”。在孔子的鼎力相助下，齐景公不得不答应定盟和好，并将郓、龟、阴三地归还给鲁国。孔子54岁时，受季桓子委托，摄行相事。他为了提高国君的权威，提出“堕三都”、“抑三桓”（即摧毁鲁三家大夫的城墙）的主张，结果遭到三家大夫（季孙氏、孟孙氏、叔孙氏）的反对，未能成功。55岁时，鲁国君臣接受了齐国所赠的骏马美女，终日迷恋声色。孔子大失所望，弃官离鲁，带领弟子周游列国，另寻施展才能的机会，但却没有收获。公元前484年（鲁哀公十一年），鲁国季康子听了孔子弟子冉有的劝说，派人把孔子从卫国迎接回来。

孔子回到鲁国，虽被尊为“国老”，但仍不得重用。他也不再求仕，而是集中精力继续从事教育及文献整理工作。他一生培养弟子3000余人，身通六艺（礼、乐、射、御、书、数）者72人。在教学实践中，他总结出一整套教育理论，如因材施教、学思并重、学而不厌、诲人不倦、不耻下问等教学原则、教学精神及学习态度，为后人所称道。他先后删《诗》、《书》，订《礼》、《乐》，修《春秋》，对中国古代文献进行了全面整理。

69岁时，孔子的独子孔鲤去世；71岁时，得意门生颜回病卒。孔子悲痛至极，哀叹道：“天丧予！天丧予！”这一年，有人在鲁国西部捕获了一只叫麟的怪兽，不久死去。孔子认为象征仁慈祥瑞的麒麟出现又死去，是天下大乱的不祥之兆，便停止了《春秋》一书的编撰。72岁时，他突然得知弟子仲由在卫国去世，哀痛不已。次年（前479年）夏历二月，孔子寝疾七日，赍志而殁。

孔子一生的主要言行，经其弟子和再传弟子整理编成《论语》一书，成为后世儒家学派的经典。

4. 孔子的主要思想体系

孔子创立的儒家学说是在总结、概括和继承了夏、商、周三代以“尊尊而亲亲”为特点的宗法制度的基础上形成的一个完整的、有机的思想体系。

该思想体系包括：以“正”为核心的修己之学，以“礼”为支柱的治人之学，以“中庸”为基本原理的“中和论”。

（1）以“正”为核心的修己之学

孔子认为，在任何一个井然有序的社会结构中，君主与臣民的关系都是最基本的。而在君臣关系当中，孔子又最注重君主的作用，认为君主心性的好坏决定了社会环境的好坏。因此，他对君主的政治道德提出了很高的要求，这就是“正”。在孔子看来，修己是为政之本，其最终目的是“安人”。他认为，社会的稳定不能靠压迫和欺诈，而是要建立社会的正义和规范。

在“正”的基础上，孔子还对以执政者为主体的社会各阶层提出了“克己”的要求。在他看来，“克己”的一种方式是“约”，即约束。他认为，能够自我约束、不放纵就可以少犯错误。

同时，“孝悌”是修己的又一基本内容。孝指尊敬顺从父母，悌指尊重兄长，这是中国古代处理家族内部两大关系的基本要求。由于当时的家族组织与做官关系密切，孔子认为，在家能孝悌者，在政治上必定能敬重君主。而在孝悌中间，孔子更重视孝，认为其是为人的根本。此外，修己还有很多内容，是一个全面、完整的体系。

（2）以“礼”为支柱的治人之学

以“礼”为支柱的治人之学实际上就是孔子治国思想的集中体现。孔子继承了西周以来重视礼治的思想，把礼作为治国之本，形成了以礼乐教化治国安邦的总体思路。他对当时“天下无道”、动荡不安的社会现状非常不满，抱着强烈的忧患意识和救世情怀，认为统治者只有做到“德化”、“礼治”，这个社会才有出路。

孔子一生对周礼非常崇敬，他在《论语》中多次谈到自己对西周礼乐文化的向往。但周礼此时已经衰败，孔子非常清楚这一点，所以对它进行了选择性地继承。如周礼重视祭祀鬼神，而孔子则对鬼神表示轻视；又如周礼规定的宗法制、世袭制在孔子这里也被打破，提出了“举贤才”，主张“学而优则仕”。

除了重视德、礼，孔子也没有忽视政、刑在治国理民中的重要性，他指出：“道之以政，齐之以刑，民免而无耻；道之以德，齐之以礼，有耻且格。”可见，孔子认为政、刑与德、礼一样，在治理国家的过程中都是不可缺少的。不过，在这四者当中他是有先后的，这就是德、礼为先，政、刑为后。

（3）以“中庸”为基本原理的“中和论”

孔子认为，“中”是天下的根本状态，“和”是天下的最终归宿，达到“中和”是一切运动变化的根本目的，天地各得其所，万物顺利生长。在这里，孔子实现了“中”与“和”的融合，形成了“中和论”。而其中的基本原理便是“中庸”。

“中”和“庸”的观念在孔子以前已经有了，而把“中”和“庸”合称为“中庸”，成为一个基本范畴则始于孔子。孔子认为中庸是人最高的品德修养和认识原则，其意思就是真正做到恰到好处，要谨守礼制、不偏不倚、恰当适中。为寻求这种平衡，首先要考察事物对立双方的连接点，使得双方在更高层次上达到平衡。如孔子认识到当时社会贫富的对立，那么要解决这个矛盾，就既不能简单地站在求富的立场上，也不能简单地设法变贫，他巧妙地提出了一个“义”字，用它作为调整贫富矛盾的一个标准，使双方得到更高层次的统一。

可见，在孔子的整个思想体系中，“修己”是“治人”的前提和条件，“治人”是“修己”的目标和归宿；而“修己”和“治人”两大思想内容又是建立在以“中庸”为基本原理的“中和论”上的。

5. 战国时期儒家的发展

战国时期（前475—前221年）是中国思想学术史上一个大的变革与发展时期，在这一时期涌现出大批的思想家及鸿篇巨制，为儒家思想的发展提供了丰富的土壤。

（1）儒家和其他学派的争鸣

从春秋末期开始，诸侯争霸，社会处于动荡不安之中。这时候代表各阶级利益的知识分子异常活跃，成为一支重要的社会力量，他们纷纷登上历史舞台，著书立说，发表自己的观点，提出解决社会现实问题的办法，形成了百家争鸣的繁荣局面。

这种情况到了战国时期尤为突出，诸子百家纷纷提出各自的救世主张，其中一个最主要的争论焦点就是如何对待传统文化的问题。围绕这个问题而进行的思想交锋，以儒、法两大思想流派最具有代表性。他们旗鼓相当，针锋相对，应者云集，皆为显学。在这样的争鸣局面中，儒家思想得到了长足的发展，形成了各种分支流派。

（2）儒家学派内部的论争

儒家内部相互间的争论也很激烈，以孟子和荀子为代表，他们各自从唯心和唯物方面发展了孔子思想。

在哲学上，孟子继承孔子的天命观点，剔除天的人格神成分，赋予天以道德属性。他注意人性问题，主张“性善论”，并认为仁、义、礼、智根源于人性。孟子认为，尽管各个社会成员之间有分工的不同和阶级的差别，但是他们的人性却是同一的。他把统治者和被统治者摆在平等的地位，探讨他们所具有的普遍的人性。这种探讨适应于当时奴隶解放和社会变革的历史潮流，对伦理思想的发展是一个巨大的推进。同时，他还认为，人生的最高理想是通过尽心、知性，达到知天，即万物皆备于我心的天人相通的境界。

荀子继承了孔子思想中重人事、不重鬼神的一面，强调天人之分，提出“制天命而用之”，即人定胜天的观点，并在继承孔子学说的基础上，又吸收了各家的长处加以综合、改造，建立起自己的思想体系，发展了古代唯物主义传统。在人性问题上，他提出“性恶说”，否认天赋的道德观念，强调对人的天性加工改造的重要性，重视后天环境和教育对人的影响；在政治思想上，他坚持儒家的礼治原则，同时重视人的物质需求，主张发展经济和礼治、法治相结合。此外，荀子对道家、墨家、法家、名家等各派以及儒家内部各支流都进行过批判。荀子深刻批判了各类儒生，他最赞赏道德高尚、才智开通、明于治道的大儒。

除孟、荀之外，战国时期还有一些儒家学者，解释《周易》，作成《易传》。此书认为，宇宙万物处于永恒的生灭变化之中，其根据在于宇宙中阴阳、刚柔的相互激荡。

总之，战国时期，儒家思想由于孟子、荀子、《易传》和其他派别代表人物的努力，成为先秦显学之一。

6. 秦朝统一与儒法冲突

公元前221年，中国历史上第一个大一统的封建集权王朝——秦朝建立。秦朝的统一，是中国历史发展的必然趋势，也是几个世纪以来中国人的共同向往和追求。政治上的统一势必带来思想文化上的变化。此时的儒家思想面临着新的挑战。

（1）秦朝统一后思想领域的混乱

自从周王室式微，诸侯纷纷起来称雄割据，人民深受战乱之苦，因此迫切需要建立一个统一的国家，以便拥有和平安宁的生存环境。从这个意义上说，秦王嬴政在短时间内结束春秋战国以来几百年诸侯混战的局面，在广袤的疆域里建立统一的秦朝，符合人们的普遍愿望。

军事和政治上的统一可以凭借武力实现，但是如何巩固这种统一，便不是单纯依靠武力可以解决的。秦朝的统治阶级清醒地看到了这一点，于是他们着手进行全国法令、文字、货币、度量衡等的统一工作，期望在政治统一的前提下实现经济、文化的统一。

秦朝初年，战争刚刚结束，百家仍在争鸣中，思想领域极度混乱，疆土的统一没有立刻带来思想的统一。当时社会上最大的两种思想潮流就是儒家和法家。

（2）秦初儒家地位的式微

商鞅变法之后，儒学已经不再是显学，儒者也不再地位显赫，但作为掌管礼乐文化的专职官员，仍在秦国占有一定比例。秦统一全国前后，就思想传统而言，承接魏制，对儒学表示过适度的尊重。

秦朝建立后，儒家主张分封与师古，秦始皇采纳了他们的意见，设计并建立起一套权力模式和行政体制，除了秦朝原有的疆域外，在其他原六国的属地并没有立即推行郡县制，而是依据各国的不同传统、不同状况，建立了藩属关系。

但这些做法在以皇权为中心的权力系统确立的历史现实下，并不能保障秦朝统治权力的有效性，无法使统一帝国得到巩固和稳定。原六国诸侯在短暂的忍耐后，纷纷反叛。这使秦始皇认识到，尽管儒家的建议是一种理想的治国方式，但却无法达到长治久安。

(3) 秦朝法家的统治地位

与儒家的地位式微不同，法家不仅在秦国具有悠久的思想传统，而且自商鞅以来，特别是统一前后，法家人物几乎一直居于权力中心的要位。尤其是秦始皇的重臣李斯，秦始皇最欣赏的理论家韩非，他们虽名为荀子的弟子，但却成为法家的重要代表人物。

法家认为，分封制会使诸侯势力变大，从而造成天子式微的不良后果，而周朝的灭亡就是最好的印证。秦始皇采纳了这个建议，将郡县制推向全国，将天下分为 36 个郡，郡置守、尉、监。这样，经过相应的后进措施，秦朝在广袤的疆域中逐渐建立起统一的政权。

7. “焚书坑儒”与先秦儒家思想的终结

秦初，思想上百家争鸣，舆论混乱，严重阻碍了秦始皇对全国文化统一的步伐。

(1)“焚书”与“坑儒”

公元前 213 年，因丞相李斯进言，秦始皇于当年开始销毁除《秦记》以外的所有六国史书和藏于民间的《诗》、《书》等典籍，一直到公元前 206 年秦朝灭亡止，史称“焚书”。

而在“焚书”开始的第二年，即公元前 212 年，秦始皇在秦都咸阳将 460 余名书生坑杀，即为所谓的“坑儒”事件。这件事是由两个术士的畏罪逃亡引起的。原来，秦始皇为求得长生不老之药，十分迷信方术和方士。一些方士便投其所好，宣称自己可以得到奇药妙方。但时间一长，这些人的谎言和骗局便会被戳穿。其中有两个人密谋逃亡，他们在逃亡前对秦始皇进行了一些“非议”。秦始皇知道后大怒，于是下令拷问咸阳所有书生，欲寻找这两个人的下落。事后，他将相关的460多人全部坑杀。后世往往将此一事件和“焚书”事件并列，合称为“焚书坑儒”。但司马迁在《史记·儒林列传》中也有明言：“及至秦之季世，焚诗书，坑术士。”因此秦始皇应该主要坑杀的是方士、术士，并非儒生。

(2)“焚书坑儒”对儒家的毁灭性打击

“焚书坑儒”的行为反映了当时统治阶级内部矛盾的尖锐，是一场中华文化的浩劫，不但殃及了诸子各家学说，而且使得儒家几遭灭顶之灾而损失殆尽。有史料记载，经过这次事件，即使在汉初的几十年里，也是儒家学者偶有存在、儒家经典偶有发现，可见秦朝时期的儒家几乎处于不复存在的状态中，这也标志着前秦儒学的终结。

8. 汉初儒家的保守发展

秦朝灭亡后，继之而起的是一个强大王朝——西汉。西汉重新统一全国后，围绕秦朝灭亡的教训，在最高统治阶层和知识分子阶层中都进行了一次深刻的反省，而这种集体反省的结果是最终决定采用无为而治的“黄老之学”，儒家因此变得相对弱势。

(1)“黄老之学”的兴起

“黄老之学”指的是道家思想，其创始人是老子。

早在刘邦入驻咸阳之时，鉴于秦朝暴虐统治的失败教训，刘邦接受张良的建议，采取节俭、休养生息的政策。惠帝二年（前193年），力行“黄老之学”而使齐国大治的曹参成为相国，继而把道家管理思想推行至全国。此后的西汉由于“文帝本修黄老之言，不甚好儒术，其治尚清静无为”，以及“窦太后好黄老言，不说儒术”，因此道家思想在汉初六七十年间盛极一时。

道家思想的主要观点是“无为”。在道家看来，春秋战国时代之所以天下纷争，就是因为以诸侯为首的天下人个个为利欲所驱遗，彼此攻伐，“无事生非”。所以，老子提出以“无为”来应对社会的“有为”，主张人人“无为”，天下也就相安无事了。

事实上，这种统治思想在当时是有积极作用的。经过常年战乱，百姓都盼望过上平静的生活，在这样的背景下，主张“无为”而治，反对战争、反对苛捐杂税、反对劳苦兵役，便顺应了历史和人民群众的呼声。

（2）儒家的保守发展

相对于道家思想的昌盛，此时儒家的发展却趋于保守。在西汉初年不乏儒者，不论在各级官吏中，还是在民间，这批儒士基于对历史的深刻反省，不停地为新政权的长治久安出谋划策，希望可以得到重用。这在相当程度上保障了西汉各项政策的正确和稳定。例如，秦末汉初儒生叔孙通自荐为汉制定朝仪；汉初思想家陆贾更是时时在刘邦面前引用《诗》、《书》，后著成《新语》一书，以期为西汉的未来发展规划蓝图。所有这些努力虽然在当时没有得到太大反响，但为儒家在西汉的进一步发展奠定了基础，也为其上升为统治阶级意识形态提供了必要的前提和实现的可能性。

9. 汉初儒家与黄老学说的较量

在汉初的几十年里，道家学说渗透进了国家政策的各个方面，它在稳定社会局面的同时，却也助长了不思进取、懒惰无为的社会风气，社会的进步与发展受到了严重的滞碍。因而，道家学说让位于新的统治学说，就成了历史发展的必然。

（1）先秦儒家的蜕变

任何一种学说要想在现实社会有所作为，都不能不立足于当时的社会需要。孔子创立的儒家经过早期发展，吸收和改造其他学派思想，到了战国末年其内部已经发生了很大改变。随后经过一些与时俱进的儒生们的努力，到汉武帝继位前后就基本完成了儒家的新构造，发生了脱胎换骨的变化。像当时汉初第一大儒贾谊，其思想内涵就非先秦时期的儒家精神，而是杂揉了道家、法家、阴阳家等等复杂的成分。

（2）西汉儒家的特征

西汉时期出现的新的儒家文化有两大特征：一方面，它建立了一个相对开放的思想体系，能够容纳其他学派的思想要素，吸收其合理成分，这是道家之外的任何学派都不具备的明显优势。另一方面，新的儒家文化具有极强的排他性，对于一切不利于自己思想发展的因素本能地加以反对，一律视为异端。

这种兼容性与排他性的高度统一，使得西汉儒家更富有弹性和适应性，这就为它上升为统治学说提供了极为有利的内在条件。

（3）儒学与黄老之学的较量

儒家学说被西汉统治阶层接受并不是一帆风顺的。汉武帝继位前，窦太后权势如日中天，景帝深受信奉黄老学的窦太后影响，对道家思想显露出的弊端并不以为然。随着儒家势力的膨胀，虽然几次儒、道交锋都以景帝有意偏袒道家而告终，却实为道家思想的全面危机埋下了隐患。此时儒家取代道家只是变成了时间问题。

10. 西汉中期对儒家思想的推崇

后元三年（前 141 年），景帝逝世，太子刘彻即位，即为汉武帝。汉武帝统治时期是中国历史上一个非常重要的历史转型期，更是儒家文化发展史上的关键时刻。“汉崇儒之主，莫过于武帝。”儒家学说终于由先前所处的劣势地位，上升为统治阶级的意识形态，部分地实现了先秦儒家学者们梦寐以求的理想。

（1）汉武帝倡导儒学

汉初，经过“文景之治”，国家恢复了元气，经济得到了发展，国家呈现一片太平盛世的景象。雄心勃勃的刘彻上台伊始，就一反祖训，开始重用儒生，倡导儒学，变“无为”政治为“有为”政治。

建元元年（前140年）武帝继位后，太尉窦婴、丞相田蚡荐举儒生王臧为郎中令，赵绾为御史大夫，褒扬儒学，贬斥道家，鼓动武帝实行政治改革，甚至建议不向窦太后奏事。虽然在窦太后知道此事后，于建元二年（前139年）罢逐王臧、赵绾，窦婴、田蚡也因此被免职，但儒家上升的势头已不可阻挡。

（2）董仲舒的"天人三策"

建元六年（前135年）五月，窦太后辞世后，汉武帝立刻恢复了之前被窦太后阻止的儒学复兴运动。翌年，武帝下令诏举贤良方正直言之士，征集古今治道之方。当时受推荐的文士有数百人，其中董仲舒提出的"天人三策"理论尤其受到汉武帝的重视。

董仲舒的理论中首先提出"君权神授论"，他认为"一统"是古今社会的共同要求，为巩固"一统"就必须"尊君"，即在政治上推行君主的专制统治。由此，他为统治者建立起了最尊贵、至高无上的地位。其次，他认为要用"文德"治天下，君王应重视德治、教化，而不是一味强调刑罚，同时建议置办学堂，培养合适的人才。第三，他要求封建统治者"罢黜百家，独尊儒术"，把以孔子为代表的儒家思想定为统治思想，认为百家"异说"只能造成思想领域的混乱，只有"邪辟之说灭息"，才能做到"法度可明，民知所从"。

（3）官学的设立

汉武帝顺应董仲舒的建议，兴办了从中央到地方的各级官学。其中，中央官学主要是太学，设在京城长安，选择德高博学的经师大儒担任老师，称为"博士"，入学资格、年龄和修业年限都没有严格限制。太学的教学内容都是儒家的经典，除《诗》、《书》、《礼》、《易》、《春秋》"五经"之外，《论语》、《孝经》也是人人必修的课程。学生必须严守师法，精通"五经"中的一经，通过考试，成绩优秀者可授予官职。汉武帝创立的这一整套教育制度，在当时得到了普遍推行，对后世更是产生了深远的影响。从此，儒家学说成为我国古代教育的主要内容。

教育、选官等制度方便了儒生进入政治权力机构，参与权力运作，儒生逐渐成为政治思想界的决定性力量，有利地巩固了儒家的独尊地位，而儒家文化也由此成为了历代封建王朝的主流思想文化。

11. 西汉儒家经籍的法典化和神学化

早在春秋时期，儒家已有“六经”之说，但当时的“经”并不具有特别神圣的意义，只不过是用于教育的课本而已，且仅限于在民间传播。由于秦始皇“焚书坑儒”的举动，以致大量的先秦典籍丢失，除了《易经》以外的“六经”也未能幸免于难，所以汉初儒生们仅以传习、解释“五经”（《乐经》当时完全散佚）为主业。

汉武帝实行罢黜百家、独尊儒术后，设五经博士。从此儒学独尊，《诗》、《书》、《礼》、《易》、《春秋》超出了一般典籍的地位，成为神圣的法定经典，为当时广大读书人必读书籍。

（1）儒家经籍法典化

随着儒学地位的上升，封建政治与儒学密切结合，汉武帝遵循儒家思想，进行封禅、修郊祀、定历数等重大礼制活动，在诏令和廷议中多引用儒家理论，司法过程中施行“经义决狱”，初步形成了儒家政治的历史传统。

此时的儒经被赋予绝对真理权威，在社会政治生活中成为“王教之典籍”，被赋予法典意义。当时有“经义决狱”的风习，所谓“经义决狱”，就是以礼入法，把礼仪当作法律，具体说来，就是根据《春秋》及其他经典上的有关记载、论述甚至只言片语来处理诉讼案件。这种情况开始于董仲舒。例如，昭帝曾特别颁令要求制定法令政策要以儒经为理论依据，宣帝也诏令以儒经所倡孝道为依据而制定律条。可见，儒经在西汉俨然已经成为“法典”、“宪章”，并且这种风气到东汉时又得到进一步发展。需要特别指出的是，西汉时期与秦朝有很大不同，儒学独尊后，其他思想学派并未被禁止，所提倡的儒学本身也广泛吸收了法家、阴阳家等各家学说，统一的思想带有一定的综合倾向，因而获得了成功。

（2）儒家经籍神学化

在儒家经籍向法典化发展的同时，还出现了一股把其朝神学化发展的风气。

如果说汉初陆贾、贾谊已从“天道”的角度论述儒家经典重要性的话，那么自董仲舒始更是把儒家经典中的每一个字都视为圣人表达天意的符号，他认为“五经”中字字句句皆是真理，并不断地把“天”描绘成儒学中至高无上的神，并且竭力宣扬“天”是有意志的，能与人相互感应，而王者是“承天意以从事”的等等一整套宗教神学理论。其观点被后世儒家学者进一步发扬。

从汉朝儒家发展的历史看，儒家经籍的神学化与其法典化是分不开的，是同步进行的，前者是为后者得以成立和巩固服务的。但儒家思想在社会政治层面功能的形成和加强，减弱了其作为一般伦理道德修养和政治理想层面的作用，又成为阻碍它更好地发展的一个原因。

12. 西汉中后期“儒教”的产生

到了西汉中后期，随着儒家在西汉地位的提高，“儒术”成为在新形势下出现的一种人为宗教，即“儒教”。

（1）“儒教”产生的背景

汉武帝时期，虽然有五部儒家经典支撑整个思想体系，但因为这些典籍仅在政治伦理学上有所建树，其代表思想是以家庭伦理代替社会政治，并不能完全满足统治阶级的要求，因为他们更需要一部阐述宇宙观而又带有儒家教条的书籍以支撑整个统治体系。此时，董仲舒的《春秋繁露》出现了。《春秋繁露》借用阴阳家与墨家的思想，以神秘主义搭配儒家教条，在荀子思想的基础上构建了一套新的天人思想体系，以配合现行的君主专制。

此后，通过董仲舒与儒士们的共同努力，他们不但取得了宣传儒家学术的胜利，而且把儒学推到了很高的地位，产生了绝对精神。经过汉武帝后期和其后一段时期的发展，“儒教”已基本成形。

(2)“儒教”和儒学的区别

“儒教”有着与儒学明显不同的内涵差别。

首先，发展方式的不同。儒学是持续的开放式发展。从孔子开始，到战国后期，儒家学说已发生了许多变化，也形成了孟子、庄子、荀子等多个流派。而“儒教”是封闭式的，几乎没有什么变化，始终围绕“三纲五常”这个中心。

其次，思想内容的不同。经过秦末的“焚书炕儒”后，汉初的儒士对遗失的儒家典籍进行了抢救性的工作，他们通过记忆把遗失的典籍内容默写出来。因为儒士在默写过程中有可能产生记忆错误，或鉴于秦朝时儒家的遭遇，为加强儒士地位而人为地修改了里面的内容。所以，汉代的儒家典籍不再是春秋战国时期的儒家典籍，而是融合了百家思想且劫后余生的典籍。这可以从西汉末期出土的战国时期的“六经”与当时社会上流行的“六经”的比较中看出来，因而引起了当时的今古文之争。而在“儒教”中，董仲舒却大力推行“天人感应”，运用谶纬学说。这些“纬书”都是以神话和神秘化了的阴阳五行说来附会地阐释“六经”以及《论语》、《孝经》、“河图”、“洛书”等，这些也可以被视作是配合当时儒家神学化的典籍。

第三，对待其他思想态度的不同。儒家学说只是百家学说中的一家，与其他思想虽有攻阀，但能相互交流且能保持和平相处。“儒教”则垄断一切思想，排弃其他思想，具有很大局限性。

第四，在有无崇拜之神方面的不同。儒学敬师、敬人，没有崇拜的神祇，强调学习和修养。而“儒教”强调崇拜和服从，为了神化孔子，在当时流传的大量“纬书”中，不仅把孔子说成是神的儿子，而且把他的相貌也描绘成与凡人极不相同的模样。同样，为儒家所推崇的历代圣人，如尧、舜、禹、汤、文王、武王、周公等，在“纬书”中统统被装扮成了与众不同的神；由秦汉以来逐步完备起来的儒家礼仪制度，如“冠义”、“婚义”、“乡饮酒义”等，也为“儒教”准备了仪式上的条件。

第五，服务对象的不同。儒学服务的对象主要是士阶层，教“士”怎样取“仕”；而君“仁”，则士入仕为君服务。“儒教”服务的对象是君主和专制制度，维护的是封建思想和封建社会秩序。

13. 西汉末年儒家的今古文之争

今古文之争是儒家发展史上学术与政治斗争的典型事件。

在汉武帝独尊儒术之前，经学非儒家特有。儒学独尊以后，只有儒家经学被列为官学，受到重视，于是后世所谓经学便成为狭义的研究儒家经典，解释其字面意义，阐明其蕴含义理的学问。

（1）今文经学和古文经学由来

今文经学和古文经学，是西汉末年形成的经学研究中的两个派别。所谓“今文”和“古文”，最初只是指两种字体。历史上，从春秋战国开始到西汉，中国的文字有过两次重大变化。战国时期，流行的文字是“籀书”，即大篆，但当时各国所用的“籀书”差别较大，同一个字也会有很大的差异。秦朝时将“籀书”规整为小篆。到了汉代，简化的小篆形成的隶书开始在民间流行，后来逐渐取代小篆成为通行文字。因此，汉代人称用隶书写的书籍为“今文”，而称汉代以前用“籀书”或小篆写下来并流传至今的为“古文”。

（2）今、古文经学矛盾的产生及影响

虽然从表面上看来，今、古文经学的区别是在文字上，实则不然。汉代的今文经学和古文经学之争，实际争论的问题是经书背后所涉及的问题，相当复杂。

今文经学反映了今文经学家的观点，他们以孔子为政治家表率，以“六经”为致治之说，强调经书的“微言大义”；古文经学则反映了古文经学家的观点，他们认为“六经”是周公旧典，是先朝的典章制度和历史文献，孔子是“述而不作，信而好古”的圣人，“六经”为孔子删定、整理之后的前代史料，因而认为孔子为史学家，强调名物训诂。

今文经学派所尊奉的经典，是汉初大儒们传授下来的用今文书写的，且都陆续被定为官学。而古文经学派却认为，今文经学派所尊奉的儒家经典，经过秦朝到汉初已经残缺不全，相比之下陆续发现的秦朝以前的用古文写成的经书才可信。但已取得政治地位的今文经学派认为，古文经学派所推崇的古文经学，不是孔子所传，甚至认为是古文经学家们伪造的。

今文经学派进而认为，“六经”包含的前代史料，都是孔子亲手所定，都具有教化作用，只是侧重点不同，因此“六经”的排列顺序不能单纯地像古文经学那样按时代的先后排列，而应该按教化的深浅、难易程度来排列，今天人们所看到的《诗》、《书》、《礼》、《乐》、《易》、《春秋》就是今文经学的排列顺序。而古文经学派的排列法将《易》排在了首位，认为伏羲始作八卦，是《易经》的创始人，时代最早；《尚书》在其次，是因为《尚书》的首篇是《尧典》，晚于伏羲的时代，以此类推。

除了对经籍的排列顺序上今、古文经学派的看法不同外，在看待孔子和“六经”的态度上，今、古文经学派也是不同的。首先，今文经学派视孔子为“素王”，认为孔子虽无王者之位，但有王者之道、王者之德。而在古文经学派眼中，孔子是“述而不作，信而好古”的知识传授者。其次，今文经学派认为“六经”全部为孔子所作，而古文经学派则认为，“六经”皆为古代史料，孔子只是对其中部分史料做过整理，非因此而成经。

因西汉武帝独尊儒术，因此相当长一段时间内今文经学在学术领域和统治阶层中间占有绝对优势，古文经学则只能在民间流传。到了东汉时期，两者之间还有有神论与无神论、政治与学术等的区别。

但总体来看，今文经学与古文经学之争，由单纯的对书籍本身的不同看法，扩大到了学术思想、学派体系、政治观念和社会地位等诸方面，几乎贯穿了整个漫长的封建社会，不仅对经学的发展产生了重要的影响，也对中国历史的发展产生了重要的影响。

14. 东汉儒家的政治社会化地位

在儒家学者旷日持久的努力下，不但儒学在学术上取得了极大的进展，建立了完整的学术体系，而且因为儒者积极参与政治事务，终使儒学在西汉中后期成为主流的意识形态，进一步扩大了自己的力量和影响。这一巨大转变与汉朝统治者的大力提倡密不可分，这在东汉时期显得尤为突出。

（1）汉诸帝对儒学的热宠

东汉时期，自光武帝开始，皇帝及皇族大多受过系统的儒学教育。光武帝即位以后，即着手恢复汉武帝时建立的儒家教育体系，同时在洛阳兴建辟雍、东观等文化设施，营造儒家文化氛围；他祭祀孔子，并封孔子后人为“褒成侯”；在他在位期间，多次参观太学、辟雍，并数次召见公卿、儒者讲论经理。汉明帝 10 岁熟读《春秋》，师从博士桓荣，学习《尚书》，他通明经义，观览古今，专精博学。汉章帝也是“少宽容，好儒术”。此后汉朝诸帝均热衷从事祭祀孔子、兴太学等儒家活动。东汉诸帝不仅身体力行地学习儒家经典，还经常亲自讲授并撰写儒学著作。

在当时，东汉皇族学习儒学的积极性也很高，这是与父辈的督导分不开的。光武帝就曾诏令钟兴“定《春秋》章句，去其复重，以授皇太子。又使宗室诸侯从（钟）兴受章句”。因此，皇族中很多人亦有很好的儒学修养。光武帝时，沛王刘辅“好经书，善说《京氏易》、《孝经》、《论语传》及图谶，作《五经说》”。而且不仅皇族中的男性被要求学习儒学，女性也不例外，如顺帝梁烈皇后就“好《史书》，九岁能诵《论语》，治《韩诗》，大义略举。常以列女图画置于左右，以自监戒”。

皇帝与皇族及上层社会的儒家教育，提高了他们的儒学修养，促进了政府对儒学的提倡，并影响了当时的文化政策。在儒家经典的整理及提倡儒家价值观等诸方面，东汉诸帝都进行了很大的努力。例如，东汉后期，人物品鉴之风极盛，而评价的标准，就是儒家的标准，即忠、孝、信、义。此外，东汉的统治阶级还不断派出使者，巡行天下，观览民风，推行儒学教化，以移风易俗。

（2）东汉诸帝对儒学化的推进

由于皇帝与皇族对儒学的热爱与仰慕，也带动了东汉社会整个上层阶级的儒学学习。皇帝除了对皇族的儒学教育关心外，还留意官僚及其子孙的学习。明帝以后，专门“为功臣子孙、四姓末属别立校舍，搜选高能以受其业，自期门羽林之士，悉令通《孝经》章句，匈奴亦遣子入学”。这一系列措施的实施，加强了上层社会的儒学修养。

由于政治、教育等多方面的原因，东汉上层社会广泛接受了儒学，并逐步形成了共同的政治利益、政治动机、政治兴趣及政治价值观。在这样一群人的有意推广下，儒学的政治社会化进程开始加速。

（3）儒家价值观的普遍确立

儒家自孔子创立之日起，就很注重儒学的社会化功能。至东汉，随着儒学在政治和社会生活中的影响日益加强，儒学的政治社会化也越发明显。政治社会化的目的就是把政治文化信息传播开来，使该政治文化得到普遍的认同。在东汉时期，这主要表现为提倡儒家政治信息和政治文化的教育得以发展。教育体系、教育内容、教育方式等的有效确立，使儒学的政治社会化变得更直接、更有效。通过儒学教育，可以培养社会成员成为具有与政府相同政治价值观念的“政治人”，使主流政治文化在更大范围内被接受。

随着儒学政治社会化的有效建立，在东汉初期，很快形成了一个儒家文化氛围浓郁的社会环境。在政治层面，东汉统治者以“孝”治天下，“以经义断事”，形成了具有经学特色的政治制度，及以儒学价值为标准的选官制度；在教育体系层面，建立了以儒学思想为教学内容的教育体系；在社会生活层面，儒家思想对经济、文学、风俗等各个方面都产生了深刻影响。

15. 东汉中叶儒家的沉沦

东汉初期，在光武帝统治下，农业、手工业都得到了很大发展，社会出现了经济繁荣的景象，史称“光武中兴”。但好景不长，东汉中叶以后，由于外戚和宦官的专权，造成政治上的异常黑暗，思想文化领域也大受牵制，出现了儒家学说沉沦，玄学开始抬头的现象。

（1）外戚、宦官擅权

汉章帝以后，外戚开始掌权，出现了一批娃娃皇帝。外戚的存在妨碍了皇权，为了打击这股势力，东汉皇帝便依靠身边的宦官，和帝、安帝、顺帝如此，桓帝也不例外。延熹二年（159 年），梁后死，桓帝与宦官联手，利用宫中卫士剪除了梁氏外戚势力，从此，开始了宦官专权的黑暗局面。

宦官利用接近皇帝的机会，经常假传圣旨，飞扬跋扈，许多官僚士绅为了谋求私利，也巴结宦官。宦官像外戚一样，到处安插亲信，在中央和地方扶植自己的势力，形成了一个强有力的政治集团。在这样的情况下，国家动荡不安，经济实力锐减，农民起义层出不穷。

（2）宦官对儒生的排斥与迫害

东汉初年，光武帝刘秀注意整顿吏治，他利用兴办学校等方式，培养和选拔地主阶级的子弟进入各级政权机构。这样，就为儒生的入仕大开方便之门。顺帝时扩建太学，儒生队伍迅速扩大，到质帝时，太学生人数已增至三万多人。各地儒生数量更多，基本上都是在郡国和私人精舍中就学。

到了东汉中叶，外戚、宦官轮流专权，他们任人唯亲，裙带成风，使官吏选举制度更加流于形式。这就堵塞了儒生求官的道路，由此加深了儒生同宦官的矛盾。

公元166年，宦官集团对儒生发动了一次大规模的迫害活动，是为第一次“党锢之祸”。宦官集团的残酷迫害活动，并没有吓倒正直的儒生。他们把敢于同宦官进行斗争的知名人物，冠以“三君”、“八俊”、“八顾”、“八及”、“八厨”等称号。三年之后，宦官又掀起了规模更大、株连更广、时间更长的对儒生的迫害活动，史称第二次“党锢之祸”，接着把对儒生的迫害活动推向了高潮。经过这场浩劫，东汉儒家气势殆尽。

在残酷的政治迫害下，许多文人士大夫开始意志消沉，士气低迷。他们从过问政治、保持积极的入世态度，转变为不问政治、逃避现实，以求明哲保身。思想上他们接受了消沉、不反抗的，但又含有思想解放意味的道家思想。比如马融便开始训注《老子》、《淮南子》等道家著作，一代经学大师已津津乐道于老庄之言，何况一般儒生文士？这样的学术氛围为玄学的抬头奏响了序曲。

16. 魏晋时期儒家的玄学化

魏晋时期是中国学术思潮重大的转折时期，无论是哲学、美学、文学，还是思维方式、价值趋向，都与两汉时代大不同。这一时期，儒学完成了从经学向玄学的转变。

(1) 引“道”入“儒”

东汉末年，在动荡的社会时局下，儒学独尊的地位动摇，不少人开始从事先秦诸子的研究。有的想在先秦儒学中做新的发掘，有的企图综合各家思想另创新说，也有人打算在汉代儒学基础上革除弊端，恢复其经世致用的功能。这些著书立说者，与其说是研究先秦诸子，不如说是研究现实政治，探求封建政权的精神支柱。

经过严酷的现实斗争，统治阶级发现，儒家的思想理念仍然是统治人民的有力武器。于是，为适应这一需要，社会上就出现了引“道”入“儒”的思潮，即用改造了的道家思想，重新解释儒家经典，赋予其新的内涵。这样，玄学便产生了。

(2) 玄学的发展

曹魏正始年间，著名玄学家何晏、王弼首开玄学“名教”其说。他们通过重新解释《周易》和《老子》这两部经典，来阐发自己的以本体论为特征的玄学思想。魏晋之际的嵇康、阮籍，“不拘礼俗”，提出“越名教而任自然”。他们主张超越“小廉曲谨”这类虚伪的名教，信服体现大廉、大让、本之自然的名教。西晋的向秀、郭象，在其《庄子注》中，又提出了“内外相冥”的观点，即名教与自然完全一致。他们把儒、道两者完全统一起来，比何晏、王弼又进了一步。这些玄学家援“道”入“儒”的意图都十分清楚，表面上是道家思想占了优势，骨子里却以儒家的伦理观念为基础。

综上所述，魏晋时期，尽管道家思想昌盛，但儒家思想并未消失。究其原因，主要还是儒学开放、不固步自封的特征使它能够在新的历史条件下，吸收其他学派的有益成分，不断完善和丰富自身，以满足变化了的社会需要。

17. 魏晋时期儒家地位的稳固

魏晋时期，尽管儒学的独尊地位受到冲击，但儒学思想仍然是封建社会的精神支柱，受到统治者的重视与呵护。无论曹氏，还是司马氏，不仅大力提倡儒学，而且以儒治国；官方所置办的各级学校，主要是传授儒家经典；评判人事功过，也以儒家倡导的伦理纲常为依据。

(1) 统治者重视儒家思想

魏晋统治者以儒学为其立国的思想基础、衡量事物是非的尺度，并运用行政、法律的手段，维护其权威性。凡是符合其纲常教条的，便加以倡导，反之则予以贬斥、打击。如曹操在东汉未年军事纷争之际，强调“唯才是举”、“有事赏功能”的同时，提出了“治平尚德行”，“治定之化，以礼为首”，肯定了儒家的伦理纲常在恢复、巩固封建秩序中的作用，为治理魏国定下了基调。后继者文帝曹丕自称“备儒者之风，服圣人之遗教”，执政以后，便要求“缙绅考六艺”。曹丕封其子曹睿为武德侯，并特别任命“笃学大儒”、官居待中的郑俑为武德侯傅。

曹氏如此，司马氏也不例外。西晋政权奠基者司马懿“伏膺儒教”。其子司马师辅佐曹魏少帝，引用孔子“敏而好学”的格言教导他。武帝司马炎即位后，便下令郡国遵守儒家所倡导的伦常教条。

两朝最高统治者皆重视儒家思想，说明儒家学说在维护和稳定封建统治秩序方面，有其他学派不可取代的重要作用。

（2）加强儒学在人才培养中的作用

魏晋统治者都十分重视运用儒家经典培养教育人才，以满足其阶级统治的需要。

曹操打败袁绍后，于建安八年（203 年）下《修学令》，致力于恢复儒家经典的传授，提倡先王的礼教，并在其封地建立学校，进行人才培养。魏文帝曹丕于黄初五年（224 年）“立太学于洛阳”，设博士，“制五经课试之法”，使教育制度更加完备。

西晋建立之初，太学生已达 7000 余人，朝廷又接受曹志的建议，优待授课的儒生。咸宁年间，司马炎于太学之外，又建立了国子学，主要接收五品以上官吏的子弟入学。其后的几位统治者，也都“尊儒劝学”，重视儒学的教育。

18. 南朝（宋、齐）儒家礼学的复兴

由于统治集团内部的争权夺利、民族矛盾的激化，西晋王朝经历了几十年的风雨飘摇之后被迫南渡，东晋政权建立，偏安江左，南北分治。东晋灭亡后，南方依次出现了宋、齐、梁、陈四个政权，是为南朝。

南朝儒学的发展状况从总体上说与东晋相同，儒家学者秉承魏

晋玄学之说，清谈成风。南朝儒者长于文笔，重文辞，轻经术，所著文章多流于空虚浮华。南朝儒家发展可分为两大阶段：宋、齐时期和梁、陈时期。这两阶段的基本情况是同中有异，异中有同。

我们先来看一下宋、齐时期儒家的发展状况。

（1）儒学与诸学平分秋色

宋、齐时期，儒家的地位没有下降，依然是诸学之首，担负着官方的意识形态。但是由于玄、史、文等学派的分割，儒家明显丧失了一家独霸的地位，与诸学平分秋色。因此，儒家地位在南朝宋、齐时期是有所下降的。此时，之前兴盛一时的玄学也脱离了儒学自成一体。

（2）礼学的兴盛

虽然宋、齐时期的儒家地位有所下降，但儒学中的礼学却格外兴盛，大家辈出，著述繁富。在这一时期，统治者尤其重视礼制的重建，像郊祠、明堂、宗庙、祭祠、封禅等等活动都要引经据典，严格遵循礼仪的规定。这一时期出现了一批精于“三礼”（《周礼》、《仪礼》、《礼记》）的儒学专家和许多礼学著作。

（3）礼学复兴的原因

宋、齐时期礼学的复兴与玄学的衰弱是同一社会历史原因使然，即民族危机冲淡或取代了此前存在的道德危机。

玄学是一场以老庄自然思想改造或净化儒家礼教的思想运动。它反对外在强制性的道德规范和道德教化，主张尊重人的自然情感和自然天性，以此来维护儒家思想的纯洁性。但儒家思想在宗法等级制度、专制政治中起着重要作用，玄学不可能取得这一功能，其本身的局限性还加重了现实社会生活中的道德危机和民族危机。宋、齐时期的有识之士已普遍认识到当务之急是再倡礼学、重建礼制，动员和整合社会力量以应对现实危机。

宋、齐统治者为了稳固自身统治，凸显其文化上的优越性和宗主地位，笼络人心，加强社会凝聚力，从而与北方少数民族政权相抗衡，因而加紧了促进儒家礼学、礼制和礼教的复兴上升态势。

19. 南朝（梁、陈）儒、释、道的冲突与相融

南朝梁、陈时期，儒、释、道三种文化相互呼应，在各自的发展过程中既有矛盾与冲突，又有借鉴与融合。

（1）儒家式微

据《南史·儒林传》记载，儒家除在梁武帝的扶持下有过短暂的辉煌外，基本上都因政治环境因素而萎靡不振。梁朝初期，梁武帝公开宣布儒、释、道并行，思想领域出现了明显的文化合流趋势。但此后，帝王们更多地是在提倡释家或道家，因此梁、陈时期儒家文化大部分时间处于衰微的状态。

（2）儒与释、道之争

由于统治阶层的因素，这一时期儒、道、释三家一直处于不断地争论与冲突中。

传统儒家的“内诸夏而外夷狄”的思想观念无法认可释家文化在中国的传播。早在东晋时期，就有儒者提出佛教徒应该遵循传统礼制，礼敬王者，否则尊卑不分，将导致社会秩序的混乱。但释家认为，佛教戒律与儒家思想并不矛盾，在维护社会秩序的稳定方面，二者殊途同归。到了梁、陈时期，释家得到了统治阶级的认可，寺院经济急剧膨胀，实际上已经危及了皇权及世俗地主阶级的利益。因此这一时期的儒释冲突便不单单局限于思想文化观念上，而是具有相当重要的经济背景的。于是，在南朝一个相当长的时期内，儒释两家围绕着“神灭”与“神不灭”的问题展开了激烈的交锋。但这场争论也从侧面促进了儒释文化在思想上的融合，开启了儒释互补的学术思潮。一方面释家将儒家思想引入佛教义理，促进释家文化的中国化、儒学化；另一方面儒家也将释家的一些思想教义引入儒学，使传统儒学在释家思想的影响下发生了一些质的变化，为后来的儒释合一做了理论上的铺垫。

在儒释进行冲突的过程中，儒家也曾自觉或不自觉地与道家相

互融合。其一，因为道家是以老庄思想为核心，而这一背景恰好与儒家的玄学思想相契合，因此儒家思想中保留有道家因素。其二，从汉代开始道家思想便表现出儒学化倾向，道教在产生过程中就吸取了很多儒学因素。其三，儒道合一也是与当时的社会思潮相契合的。东晋以来儒家地位几经沉浮，儒家文化变得僵化与式微，而之前处于沉溺状态的道家由于道教的出现而焕发新机，吸引了很多儒者的注意。他们不但完善了儒家的礼法制度和礼法精神，而且把儒家的宗法制度、伦理观念引入道家理论和道教教规中。

总之，南朝儒家文化在面对释、道文化的挑战时，没有一味地退却。虽然儒家思想在统治阶层意识形态领域的独尊地位有所改变，但释、道文化并没有能力取代儒家文化。经过一个相当长时间的发展，三者之间的裂痕渐渐弥合，相互的融合与吸收逐步加强。

20. 北朝儒家的汉学特色

东晋孝武帝太元十一年（386 年），起自漠北的鲜卑族拓跋珪在牛川（今内蒙古呼和浩特东部）即位，改国号为魏，继而长驱直入中原，于398 年称帝，历史上称之为北魏道武帝。帝位传至其孙拓跋焘时，灭尽北方诸国，于南朝宋文帝元嘉十六年（439 年）统一了中国北方，史称北朝。这一时期儒学的发展呈现出明显的汉学特色。

（1）儒家一统天下

在北朝统治过程中，不仅儒家的地位不可撼动，而且儒家的学风也较南朝更为纯正。其中的原因，除了学术精神的传承性外，更重要的是北方少数民族统治者面对中原文化不得不进行的汉化过程。北朝时期，除北齐高氏自称汉人外，其余的北方统治者绝大部分都是少数民族。他们入主中原后，为了站稳脚跟，既要加强对文化素质较高的汉民族的控制，也要充分吸收中原汉文化的营养，尽快缩小彼此在文化上的差距，以便取得汉士人的合作与支持，从而巩固政治统治。

同时，对于留居中原的汉族知识分子来说，他们虽然要面对少数民族统治的现实，但很难从心理上真正接受这种现实。他们只能希望通过传道解惑、宣扬儒家文化，使少数民族统治者能够较快地接受和采纳汉民族的社会制度和文化。

（2）儒家实学学风

在学风上，北朝儒家不似南朝儒、释、道三者的融合那么求异创新，而是重视汉末的学术传统，以接受、应用并宣传儒家经典为主要任务，其研究方向与研究方法不是追求新奇的思想，从事创造和体系建构，而是要弄清儒家经典中固有的典章制度、思想学术的基本内容，具有明显的实学倾向。因此，北朝儒学更多地保持了汉代经学，尤其是东汉古文经学质朴务实的学术特点。

与此同时，北朝统治者大兴教化的政策，也使得儒家私学大盛。当时儒家学者讲经，虽然声势不及前朝，但规模颇为壮观，从学的人数，小则数百，大则千余，甚至可能更多。儒家经典也由专人传授和研习。这些皆是受益于北朝统治者开明的兴学、教化政策。

（3）北魏儒家独领风骚

北朝儒家的情况不能一概而论，相对来说以北魏最盛。这不仅因为北魏的统治时间较长，拓跋氏对汉文化的倾心，统治者大量任用儒生，有意识、有目的地提倡和促进思想文化发展和儒学复兴，而且由于北魏的统治中心长时期位于凉州一带，因此极易受到大量避居此地的中原人的影响。

北魏道武帝拓跋跬初定中原便开始认识到儒家的治世功能，决定以经术为先，重太学，置五经博士。明元帝拓跋嗣不仅倡导儒学，支持儒家的发展，而且本人亦好览史传，亲撰儒家著作《新集》30 篇。对其后北魏统治者重视儒学起到重要的示范作用。到了献文帝、孝文帝时，北魏统治者便顺理成章地推行更大规模、更为自觉的儒家运动，北魏儒学的盛况一度“比隆周汉”，人才济济。

北魏儒家的发展对其后北朝诸代也产生了相当重要的影响。经过北魏的学术准备，到了北齐、北周时，涌现出了一大批很有影响的名儒，他们不仅学贯五经，而且都开宗立派，独有心得。

21. 隋朝儒家的复兴及与释、道的融合

隋朝的统一，在中华民族历史发展进程中意义非凡，它不仅结束了几百年来南北分治的分裂局面，而且开始将南北文化融为一体，为唐朝的文化繁荣以及宋明时期中国文化的再生创造了条件。

儒家文化在这一时期发展得很快。虽然隋朝没有实现南北朝儒家的统一，但如果没有隋朝统治阶级和儒家学者的努力，那唐初的儒家便不可能变革得那样彻底。因此，隋朝儒家具有承前启后的重要作用。

隋朝统一后，儒、释、道三家思想仍然存在着较大的对立和分歧，在进一步融合之中。一方面是弥漫在中华大地上的浓郁的宗教气息，而另一方面，重新统一起来的隋朝，在寻求新的治国方略中，清醒地认识到了儒家文化在维持宗法等级制度和正常社会秩序，使国家长治久安方面的重要性。学者们也开始对儒、佛、道的融合进行深层次的思考。

(1) 大力宣扬儒家思想

隋朝儒家的复兴与统治者的大力推行是密不可分的。隋朝统治者无论是文帝，还是炀帝，都崇尚儒家。隋文帝出身于高门贵族，自幼入太学接受儒学的熏陶，形成了浓厚的儒学思想。他即帝位后，视儒家学说为治国法宝。为了大兴儒学，文帝除了在理论上对其积极肯定之外，还做了许多实际性的工作。

第一，兴办教授儒学的学校，号召举国上下学习儒家经典。即位伊始，文帝就大力发展传授和学习儒家经典的教育事业，国家设有国学、太学和四门学，地方上从州、县到乡、社也都设有学校。文帝还经常巡视这些学校，亲听讲授，并实行一些奖励政策。文帝

于开皇九年（589 年）诏告天下，要求在全国范围内营造一种学习儒家经典的风气，因此当时社会上学习和讲授儒学经典蔚然成风。

第二，整理儒家经典。《隋书·经籍志》中记载开皇三年（583年）时，国家接受秘书监牛弘的建议，遣使搜求天下遗存的儒学典籍，为了对这些典籍加以保存，又招来天下能士对其进行整理加工。搜集流散的儒家经典对于儒学的复兴意义重大。

第三，重用四方儒士。隋朝初期儒家文化的盛行离不开统治者对儒士的重用。隋朝统一后，文帝曾颁诏天下，召集四方儒士，给予重用，由此当时许多知名儒士都进京朝圣。

隋炀帝继位后，仍以儒学为治国之道，宣扬风化，提倡孝悌，选拔人才，不遗余力地对儒学进行推进。

（2）儒、释、道的交融

隋朝初立，百废待兴，隋文帝以复兴儒家为契机，实行“三教合一”，用释、道文化来“辅佐”儒家文化。隋文帝意识到释家对稳固其统治的作用，于是大建佛寺，下诏整理佛经。又因在建国过程中受到过道家的帮助，于是文帝下令重修道观，对道家采取吸收利用的政策。隋朝统治者在意识形态方面的兼容态度，使儒、释、道文化在民间具有了广泛的影响。

但隋朝统治者对文化的积极态度并没有阻止儒、释、道三家思想的对立和分歧。其中以儒、道联合反释为主流，儒、道间的冲突相对较为缓和。为在统一的政权下拥有一个稳固的思想意识状态，颜之推、王通等人挺身而出，援释入儒，提出儒、佛、道融合的设想。颜之推开创了把释、道中的可用思想加入儒学的研习方式。他认为儒为内，释为外，本来是一体的，只是在对人的教化方面分工不同。同时他还把儒家的克己复礼、修身治国之道同释家的一人修道、普度众生结合起来。在对待道家的态度上，他虽然不大相信道家的神仙之说，但也没有全盘否认，并且接受其养生之术。王通提出了“三教可一”思想，认为只有儒家才能担当起治国平天下的重任，但鉴于释、道两家的理论中确有许多可取之处，他承认释、道存在的价值，而且认为三家文化都能起到教化和维护统治的作用。

王通为儒学真正融和吸收释、道思想，并重振儒家提供了理论上的可能。

虽然隋朝持续的时间较短，未来得及完成儒家统一传统文化的使命，经学的发展也不够充分，但它对唐朝时南北经学的最终统一，对儒、释、道的最终融合，具有不可磨灭的历史作用。

22. 唐初儒、释、道的激烈冲突

唐朝建国之初，虽然统治者对儒家情有独钟，但考虑到政治稳定性，仍以儒、释、道并举作为思想文化领域的基本国策。

（1）李渊父子对儒家的支持

唐高祖李渊重视儒学，重用儒臣，即位之始就下令恢复儒家教育，置国子学、太学、四门学等，为儒家学说的恢复提供了基本前提和条件。高祖在位时还不时亲临国子学释奠，听儒生讲解经义。武德三年（620 年），唐朝国势基本平稳，在李世民的倡议和直接组织下，在秦府开办了支学馆，广引儒士，以杜如晦、房玄龄、虞世南、姚思廉、李玄道等十八人为首，分班轮值，讲述儒学义理。

（2）对儒、释、道并存格局的维护

李渊、李世民对儒学的赞许与支持，无疑有助于改变儒家在唐朝的地位。然而从儒家学者的角度来说，他们无法忘怀儒术独尊的时代，因而，在唐朝初期统治者大力支持的情况下，儒家学者没有保持适度的姿态去发展儒学，而是站在强硬的立场上，坚决排斥释、道二者。然而排斥释、道或许有利于儒家的发展，但并不合乎统治者的利益，他们不希望儒家一门独尊。

当时唐初学者傅奕发表了著名的反释主张，建议彻底废除佛教。李渊诏令百官议其事，但终不了了之。事实上，由于唐初寺院经济的恶性膨胀，以及寺院内部的管理混乱等，世俗王权也不得不在利用佛教的同时对其发展加以遏制。武德九年（626 年），李渊发布《沙汰僧道诏》，虽不像傅奕建议的那样彻底废除佛教，但其整顿、纯洁宗教的想法显然是在一定程度上对博奕反释建议的回应。李渊“沙汰僧道”的决定虽然有利于儒学的发展和儒家地位的提升，但也不可避免地破坏了三种文化并立的格局，有损唐朝的政治统治，因此当这道诏令下达仅仅两个月左右的时间，李渊又下令撤销了这一决定。

李世民即位后曾多次公开表示对儒家的重视态度，然而出于现实政治的考虑，他也不得不对儒、释、道的矛盾冲突表现出模棱两可的态度。但唐太宗清楚儒家在治理国家中所能发挥的关键作用。据记载，在他即位之后，继续施行了秦王时所制定的重儒政策，尊崇儒学，提倡教化，殿侧开弘文馆，精选天下儒学名士于殿内讲论经义，商讨政事，将儒家的地位提升到了相当的高度。这一切，都为儒家的再度官学化奠定了基础。

23. 唐朝儒家的官学化

尽管儒、释、道三家在唐朝均得到了良好的发展，但科举制度的确定彻底奠定了儒学在唐朝官方意识形态中的支配地位。继汉武帝罢黜百家以来，儒家在唐朝再度官学化。

（1）科举制度的发展

科举制度形成于隋朝。隋炀帝开创了通过考试来选拔进士科和文明科人才的制度。据史料记载，在科举选士方面，唐朝因袭隋制而大为发展和完善。科举考试的内容在唐朝屡有变化，不论规模还是内容，无疑都要比隋朝复杂许多。在这些科目中，大多以儒家经典为考试内容和评判依据，对当时士人的生活产生了较大影响。与儒学和儒家发展关系最大的当属明经科、制科和进士科。

明经科考试要求应试者熟读并背诵儒家经典及其注疏。通过明经科考试者经吏部批准，多被选授为县丞、县尉、县令或者州县的参军、主簿之类，即普遍担任州县地方基层官员。

制科考试的科目与时间均不固定，要根据一定时期的政治需要而做出决定和按排，故而制科与现实政治的联系十分密切。制科是以皇帝的名义，征召各地知名之士，由州府荐举前来应试，虽然阅文试官仍由朝廷委派，但名义上则是皇帝亲试，这就使制科考试又被称为殿试或廷试，而应试者自称为“应制举人”，登科者则被称为“天子门生”。

进士科是唐朝出现的新生事物，而“进士”这一词则古已有之，唐朝进士科取士是旧词赋新意。进士考试在帮助唐朝网罗有较高文化修养、具备一定政治头脑的士人的过程中发挥了重要作用，而其在整个唐朝的科举考试中名声最响。到了高宗、武后时期，进士及第已为士大夫官僚阶层称羡。

（2）科举制度把儒学推上官学宝座

隋、唐的科举制度是总结了汉以来选士制度的优劣之处而建立起来的一种较之以往更为先进、开明的考试取士制度。科举制度把官吏的任用选拔与儒家经典的研习、灌输紧密联系在一起，使封建政治与儒家学说更有机地结合起来。儒家学说的官学地位通过制度化的形式得到了进一步的确定和巩固。此时，无论是贵族子弟还是平民百姓，不管对儒家文化有无自觉信仰，只要想仕进升迁、富贵荣达，最重要的途径便是苦读儒家经典，通过科举考试。

同时，科举制度也给儒家提供了一定程度上净化封建政治的机会。汉朝以来的察举征辟制及魏晋的九品中正制造成了是非混淆、真假莫辨的道德误区，玄学家试图从理伦上解决这种道德危机，但其过度放任性情的做法使危机更为加重，玄学思潮本身亦因之而衰退。科举制度创立的考试取士的方法，使官吏的选拔有了一个较为客观、固定的标准，对抑制浮躁的社会风气不无积极作用。同时，科举考试也使不少出身卑微而又有真才实学的庶族寒士有了进入统治阶层的机会，可以有效地参政议政，推动了社会的发展。

24. 中唐儒家的复兴运动

到了唐朝中后期，国力由胜转衰，此时儒家学派发起了一场著名的复兴运动——古文运动，它以韩愈、李翱、柳宗元、刘禹锡为代表人物。这场古文运动反对的是魏晋以来形成的追求华丽词藻、片面形式化而内容空洞的文风，同时，强调“文以载道”、“文以明道”。这里的“道”，是儒家的以仁义为核心内容的“道”，对抗的是释家、道家的“道”。这场古文运动要求回归儒家传统的人本主义精神，关注现实，积极进取，同时进一步丰富了儒学自身的思想理论。

(1)“文以载道”、“文以明道”口号的提出

“文以载道”、“文以明道”是古文运动中的纲领性口号，前者出自韩愈，后者出于柳宗元。韩愈著有《原道》一文，以上古以来社会发展为证，深入浅出地阐述了儒家的内涵，倡导“文以载道”。他提出了一个“道统”的授受体系，重申了儒家的社会伦理学说。韩愈从国计民生的角度指责释、道破坏了社会生产生活秩序，具有很强的现实意义。柳宗元在《柳河东集·答韦中立论师道书》中明确提出“文者以明道”。他认为“道”是儒家先圣先贤世代传递下来的，做文章就要忠实于儒学经典。不过，他并不像韩愈那样完全排斥释、道，而是主张借鉴参考。

(2) 对天人关系的探讨

古文运动诸家对天人关系这个问题也很关注，提出了各自不同的看法。

韩愈认为天人关系是相悖的，天对人有赏罚的作用，而这种赏罚取决于人对天的态度。这一点，表现了中国传统儒学注重人与自然相和谐的精神，同时也具有强烈的儒家人本主义传统。他指出人作为“夷狄禽兽之主”与作为“日月星辰之主”的天、“草木山川之主”的地具有同等重要的地位，这与传统儒家的“人与天地相

参”的精神是完全一致的。

柳宗元从“天人相分”的立场上对韩愈的观点提出了批判。他认为在上的是天，在下的是地，充塞天地之间的是“元气”。而人事的社会、伦理则取决于人道自身，与天道无关。他注重以伦理道德为核心的“人道”，要求尽人心、尽人事，而反对求之天道、天命。

刘禹锡提出了“天人交相胜”的观点。他认为天道与人道的不同在于“天之道在生植，其用在强弱；人之道在法制，其用在是非”，同时他站在人本主义的立场上，强调“人定胜天”。刘禹锡指出，人们不要把不能理解、不能控制的自然现象及其对人所造成的灾害归于天命，也不该把乱世中的重大社会灾难归咎于天，而是要尽人道可“治万物”的功能。

（3）“心性论”的提出

在古文运动中，另一个重大理论建树在于“心性论”，其开创了宋明理学的先河。

韩愈在《原性》一文中提出了“性三品”说，及对性情关系的看法。韩愈认为道德人性的核心内容是仁、义、礼、智、信等儒家道德法则，并以此法则为标准把人性分为上、中、下三品。而“情”是“接于物而生”的后天的情感体验，相应于“性三品”，情也有“三品”，其划分标准就是情能不能合于“中”。同时他还在《原道》一文中提出了治心而治天下国家的“内圣外王”之道。韩愈的弟子李翱继承了韩愈的道德人性论，他拈出《礼记》中的《中庸》作为儒学心性论之源，同时，吸收佛教学说，进一步丰富儒学心性论的理论内涵。李翱指出人异于禽兽的本质在于“道德之性”，性本于“天命”，它的核心内容就是“诚”性。诚既是天道，也是人道，所以“诚”性的实现，既是道德主体的自为实现，也是自我超越。

可见，此时的以古文运动为形式的思想革新为理学的酝酿做了充分的准备。

25. 晚唐儒家的集体反思

公元907年，朱温称帝，废唐哀帝，封之为济阴王，五代十国正式开始，唐王朝结束了它的统治，寿终正寝。从晚唐儒家的发展情况看，值得称道的不多，仅有如下几点：

（1）对经学化儒学的普遍怀疑

经过安史之乱这一重大政治事件之后，儒家学者痛定思痛，希望从学术上回答何以“禄山一呼而四海震荡，思明再乱十年不复”。反思的结果是，他们认识到以明经为基本特征的经学化儒学除了为儒生们提供食禄之资外，似乎无助于纯洁道德和解决社会问题。于是，安史之乱之后的儒学思想家，几乎无不关注科举考试的改革以及纯洁士风等问题，做着重建儒学道德体系的努力和尝试。

（2）《春秋》学研究的兴盛

针对安史之乱带来的地方割据势力和藩镇势力的无限膨胀，以及中央权威式微的政治现实，儒家学者开始重提“尊王攘夷”的《春秋》微言大义，于是中晚唐时期的《春秋》学研究格外兴盛。他们试图通过对《春秋》中精深微妙的意旨重新阐释与发挥，为现实政治提供某种借鉴或可能。如果从这个意义上来观察中唐以后以啖助为代表的《春秋》学派的兴起以及由此而带动的晚唐和五代时期的“《春秋》学热”，就不会感到突兀和奇怪了。

（3）壁经和石经的修刻

晚唐时期，朝廷对大历年间的壁经进行了修复，并对儒家典籍进行石刻。据史料记载，唐文宗时期对大历壁经进行了重修。大历壁经上镌刻的是儒官进行勘校过的儒家典籍，此举对晚唐儒学的发展具有一定积极的促进作用。开成石经于太和九年（835年）开雕，开成二年（837年）雕成，由国子祭酒郑覃创议并主持，鉴于当时“经籍讹谬，博士相沿”，因此决定雕刻。其规模、气势可称为晚唐儒学上的一件大事。

26. 北宋早期儒家的改革

五代十国是夹在唐宋两个重要历史朝代之间的过渡地带，也是儒家发展的关键拐点。和唐宋时期儒家的发展相比，五代时期的儒学显得相当沉寂：一方面因为安史之乱的爆发，使得儒家的外部体制受到了极大冲击，另一方面中央政权对思想的钳制也得儒学的势力大为消弱。这一趋势到了宋代开始有所改变。

（1）宋初统治者兴起重文轻武之风

儒学的复兴，最大助力来自于统治者的需要、重视和提倡。宋太祖赵匡胤深知虽可马上得天下，但不可马上治天下。因此他不仅自己喜欢看书，手不释卷，并且严格要求臣子都要积极读书，摸索治国之道。于是在北宋初期的官僚队伍中，自始就形成了一种重文轻武的风气。宋太祖杯酒释兵权，宰相赵普号称以半部《论语》治天下，以及宋初确立以文官知州事的制度等，都是这种风气的反映。

在提倡读书的同时，赵匡胤竭力褒扬孔子和儒学。登基伊始，他就下令增修国子监学舍，修饰先圣十哲像，画七十二贤及先儒二十一人像，并亲自为孔子、颜渊撰写赞辞……所有这些，对宋初儒学的复兴都起到了至关重要的作用。

（2）对《春秋》的大力研究

统治者对儒学的厚爱激励了儒生的奋发求学。鉴于宋初的政治格局与外部环境，儒学的复兴最先体现在《春秋》学这一热点问题上。因为在儒家诸多重要经典中，只有《春秋》学的大一统和尊王攘夷的宗旨可以信手捏来。因此宋初儒生便很自然地将研究视点集中在《春秋》上。据史料记载，宋初有关《春秋》的著述在二百种以上。作为“宋初三先生”之一，孙复的《春秋》学研究不仅为宋代《春秋》学研究开创了风气，而且他舍弃传注、直探经文本义的研究方法，实际上是儒家经典研究史上的一种范式革命，对后世儒学进程具有重要的启迪作用。

易言之，宋初学者认为，儒家复兴的真正出路，不在于对传统传注的因袭，而是重在注释，讲究与现实相关的微言大义，从而使儒学在内容与形式上都能回到经典的形态。

(3) 儒学研究的怀疑思潮

宋初儒学以回归经典为号召，展开了一场由疑传向疑经转化的大规模的怀疑运动。这一思潮由孙复发起，经其门人石介、张炯等人推动，但范仲淹与欧阳修的呼应与支持却是这一运动得以开展的最大因素。在宋初这二人最早倡导儒学复兴，并将儒学的救世情怀和宋初的社会现实密切地结合起来。这种以天下为已任的精神复苏，既是对早期儒学精神的认同，也是对汉唐繁琐经学的批判与扬弃。

这些儒者启迪了儒家知识分子不能脱离现实，要学以致用，积极干预政事，实际上开启了宋儒自由议论的风气。这一思潮的结果，不仅是对传统儒学产生极大的冲击，而且意味着儒家精神的解放，为抛开传注、自由议论的义理之学开辟了一条新通道。

27. 北宋“庆历新政”与新儒家的开端

尽管北宋初期的统治者们都极力扶植儒学，但直至庆历年间，儒学仍是章句义疏之学。这与久经战乱，社会初安，天下方定，儒学刚刚恢复，国家又急需规范思想以培养人才有关。

(1) 章句义疏之学产生的背景

北宋文坛流行的萎靡虚华文风。而文学是儒家文化最重要的“副产品”。北宋时期的儒家思想便通过文学这种语言文字样式得以体现。魏晋以来，文风越来越虚空浮华，至宋真宗时期这种文风有了进一步的发展，特点是堆砌大量典故和华丽的词藻，却没什么思想内涵，而士大夫纷纷仿效，称之为“西昆体”。宋初社会状况相对稳定，太宗、真宗均常与大臣相酬唱，用以点缀太平，这在一定程度上助长了这种文风。

仁宗时期，社会状况和人们的思想都有很大变化，内忧外患：外有西夏、辽的威胁；内则官僚机构庞大臃肿，官吏们苟且偷生、无所作为，民变、兵变纷起，水涝干旱等自然灾害不断，国家财政拮据。然而面对这样的局势，仁宗一朝的公卿大臣们却没有好的对应之策。

（2）“庆历新政”与宋学（新儒学）的开端

面对日益困窘的政治时局，范仲淹、欧阳修等一批名士毅然挺身而出，打破了沉闷的政治空气。庆历三年（1043 年）九月，范仲淹参知政事，为挽救宋王朝的内忧外患而提出了一系列建议，即为《十事疏》。其目的在整顿官僚机构，增强北宋国力。宋仁宗采纳范仲淹等人的革新主张，着重对吏制、职田、科举、学校、赋役等进行改革，史称“庆历新政”。

此外，范仲淹还认为，若想振兴国家，必须培养人材，而要培养出有用人材，则必须改造儒学，转变教育方针。因此，在著名的天章阁十项奏议中，他和富弼同时上奏认为，章句诗赋之学脱离社会实际，使儒生们“捨大方而趋小道”，于国家毫无补益，因而提议将教育和考试的内容转向讲求经旨的义理之学和注重实用的经济之学，以使国家能得到实用之才。他们建议不但要振兴学校，而且要改革考试办法。范仲淹等人改造儒学及教育方法的一系列建议得到了仁宗的同意，改革后的考试内容侧重于开发学生的理论思维，学校教育则侧重在培养学生经世之才的义理、经济之学，而减少了需死记硬背、脱离社会实际的章句记诵及词赋之学。

然而，新政因触犯了一些贵族官僚的特权，遭到激烈反对。革新派范仲淹、富弼、余靖、尹洙、欧阳修、苏舜钦等被诬为“朋党”，遭到排挤。新政施行仅一年，便夭折。

尽管如此，这场儒学革新运动依然有着极为深远的意义，它与社会上对章句义疏之学的怀疑思潮相呼应，彻底转变了儒学的价值趋向。这对宋代儒学、乃至整个中国封建社会后半期的学术思想都有着广泛而又持久的影响。

28. 北宋王安石变法与儒家义理之学的兴起

在“庆历新政”以后的几十年内，汉唐经学越来越不受重视，整个学界都遍布着浓重的疑经风气。但是，真正给汉唐经学最后致命一击，并为之划上句号的是王安石变法中所采行的科举改革和作为新的官方标准解释《三经新义》的颁行。

（1）科举改革

熙宁四年（1071 年），王安石思考酝酿已久的科举改革，作为其“新法”的一个重要组成部分，于二月间推出。其改革的主要内容就是以策论代替诗赋，以义理代替记诵。由此，义理之学兴，而传注疏义之学废，宋学取代了汉学。这种以经义取士的方法，以后成为一种程式而沿用至清末，所以其意义深远。

(2)《三经新义》的颁行

在王安石变法的同时，为了适应义理之学的需要，又要防止理解混乱，急需编纂一部新的经学法定教科书。熙宁六年（1073 年）神宗决定设局置官以训释《诗》、《书》、《周礼》，诏王安石提举经义局，吕惠卿修撰，王雱等兼修撰。到熙宁八年（1075 年）六月，《三经新义》完成，即以其副本送国子监镂版颁行天下，作为全国学校的统一教材和科举考试的官定范本。

否定传统儒学中的章句训诂之学，是理学崛起所必须经历的一个重要阶段。从此以后，义理之学扫除了障碍，在政治上获得了官方的支持，开始进入一个全面发展的新的历史阶段。

29. 南宋儒家书院与理学的结合

书院制度萌芽于唐，完备于宋，废止于清，前后有着千余年的历史，对中国封建社会教育与儒家文化的发展产生了重要的影响。

它的兴起和发展既带来了教育上的一系列变革，也促进了儒学的传播和普及。

(1) 书院与理学结合的过程

在中国古代曾存在着官学教育和私学教育两个平行线。书院产生后，成为了教育发展的第三条平行线。北宋时期，出现了一些闻名全国的书院，如嵩阳书院、岳麓书院、睢阳书院及白鹿洞书院，但这些书院尚未与当时新兴的理学思潮结合起来，它们主要致力于弥补官学教育和传统私学教育的不足。

到了南宋，这种情况发生了变化，几乎所有的理学家都在创办书院或主持书院的教学，许多理学活动都在书院内进行，大多理学学派也是在书院形成，此时的书院已成为那些著名理学家、理学学派的学术基地。这样，南宋书院就与日益勃兴的理学思潮形成一种不可分割的内在有机联系。

理学家器重书院教育是与其立志振兴儒学、传播和弘扬“圣道”的责任感与使命感分不开的。他们认为，创立书院、主持讲事，都是为了“明道”。他们反对汉唐儒家拘泥于对儒家经典的笺注训诂而不讲究道德义理、心性修养。而理学的学术宗旨则是要将儒家伦理上升为“宇宙本体”，并以此作为儒家的“道统”。

由此可见，南宋理学家纷纷创建、主持书院是因为他们需要一个研究和传播理学的学术基地，而这是官学和传统私学都不可能做到的。

(3) 书院与理学结合的意义

理学从根本上影响、制约着书院教育，使书院在教学目的、教学内容、教学方法等一系列重大向题上出现根本性的转变，从而形成了其能够独立于官学之外的风格和特色。

第一，书院教育有崭新的教学宗旨。

唐宋以来的官学教育与科举取士制度相结合，学校教育、培养人的最终目的是应付科考以使士子能够走上仕途，官学教育因此而流为科举的附庸，出现了许多弊端。有鉴于此，理学家们为书院提出新的教育宗旨，即要求恢复先秦儒家教育的优良传统，以道德修身、人格建塑作为最重要的目的。这就奠定了书院以儒家伦理精神培育人的根本教育目的。尤其是那些由名儒主持的书院更是始终以启发良知、使人“学为圣人”作为教育目的，并未因理学渐渐趋向官学化而使书院失去办学、施教的独立自主性。

第二，深入广泛的教学内容。

南宋理学家很重视儒家经典，但他们在将“五经”作为书院基本教材的同时，更把“四书”（《论语》、《孟子》、《中庸》、《大学》）纳入儒家经典系列，且其地位常高于“五经”，成为更为重要的教材。从此“四书”与“五经”并列，被奉为经典。并且，南宋理学家直接强调儒经的道德教化意义，要求学子从儒经中“求圣人之意，以明夫性命道德之归”。

除此之外，南宋书院还以理学家们的著作作为教科书或教学用书，其中包括周敦颐的《太极图说》和《通书》、张载的《正蒙》和《西铭》以及《朱子语类》等等，至于朱熹的《四书章句集注》更是南宋及其后历代书院必读的教科书。

此外，理学内部有不同派别，不同派别的理学家又有自己独特的思想。以书院为传播其学说思想基地的理学家们，有着各自的教学方法。这些独特的思想和教学方法经过长期的积累，汇集成丰富的办学和教书育人的经验，成为书院文化的重要传统。

第三，推动理学思潮的发展。

书院对南宋理学的发展有重大促进作用。举凡著名书院都是理学的重镇和基地：一方面，理学家们充分利用书院的特殊条件潜心研究学问，建构他们的理学思想体系；另一方面，理学家们又在书院培育传人、传播其学说思想，造就理学人材群体，形成发展诸理学流派，并借书院的特殊环境开展各种学术活动，使理学获得愈益广泛而深刻的影响。

30. 辽代儒家的统治地位

辽代自916年立国，到1218年灭亡，前后经历了300多年的时间。辽代的统治者虽然信奉佛教和道教，但儒学在这里依然获得了较大的发展，并占据了统治地位。

（1）儒学发展脉络

辽代儒学的发展，离不开一定的社会背景和政治形势。辽太祖至景宗统治时期，儒学的发展很不稳定，时起时落。太祖耶律阿保机为巩固新政权，安抚掠来的汉人，在建汉城的同时，也修建孔庙。太祖逝世后，太子耶律倍与弟耶律德光政见迥异。耶律倍提倡尊孔；太宗耶律德光倾向保持契丹旧俗，不重儒学。传至世宗，则继承了耶律倍的传统。到穆宗时统治衰落，儒学发展出现中断状态。景宗耶律贤即位后，辽朝中兴，新派掌权，着手封建化改革，尊孔重儒又重新提上议事日程。到了辽代中期，圣宗耶律隆绪、兴宗耶律宗真时期，儒学发展比较稳定。圣宗时，“澶渊之盟”签订，辽代出现和平安定的局面，尊孔重儒发展到鼎盛阶段。兴宗继续提倡儒学，促进了社会的安定和经济的恢复发展。辽代后期，社会继续尊孔重儒。

（2）统治阶层推崇儒术

辽代的统治者对儒家文化很是推崇。辽代中期进行封建化改革的圣宗、兴宗都喜欢读《贞观政要》，并将其作为统治方针指南，对概括和总结唐朝及前朝政治经验的典籍很是重视。道宗专门请儒者为他讲解儒家典籍，并写《题李俨黄菊赋》一首，反映了其对儒学的精通。兴宗好儒术，通音律，工画善丹青。而辽代的皇戚、贵族和大臣中也都不乏精通儒学之士，可见儒学在辽代的影响力。

（3）大修孔庙弘扬儒学

作为契丹族新兴政权，把儒学作为新的思想武器，特别予以强调。而尊孔崇儒，运用儒术进行统治，实开金、元、清北方民族尊孔之先河。辽太祖时期，统治阶层自觉地把儒学抬到空前的地位，使孔子成为首先祭祀的对象。神册三年（918 年），太祖正式下诏，翌年第一座孔庙在辽京建成。圣宗时期则下诏在各州建立孔庙。

（4）儒家经典的流传

辽代积累的儒家经典，除靠战争掠取外，更多的来源于和平时期。辽太宗大同元年（947 年）灭后晋，掠得“图籍、历象”和“太常乐谱、诸宫县、卤簿、法物”等，“悉送上京”。耶律倍藏书万卷，曾翻译《阴符经》。圣宗亲译白居易的《讽谏诗》，并赐书给边远的那沙部落，包括《易》、《诗》、《春秋》、《礼记》各一部。萧韩家奴在兴宗时译《通历》、《贞观政要》、《五代史》。道宗咸雍十年（1074 年），诏有司颁行《史记》、《汉书》。

辽代中期以后，在儒家“礼治”和“仁政”思想的引导下，逐步完成了封建化改革，建成了一个强大王朝，创造了灿烂的辽代文明，为中国北方地区社会政治、经济和文化的发展，做出了贡献。

31. 金代儒家思想的流行

1115 年，女真族建立金代。由于女真族素来具有崇尚汉文化的传统，因而他们在建国之后便自然而然地笃信儒家学说，并自觉地将儒家学说作为治国的官方学说。

（1）重视儒家经典

金代历代统治者都非常重视对儒家经典的学习，他们不仅自己精心研读，而且还下令将一些重要的儒学经典如《周易》、《尚书》、《论语》、《孟子》等翻译成女真文字。他们还积极倡导学与行的结合，要求学者既能诵之，亦能行之，将儒学视为进行统治的有效工具。特别是随着金代社会经济的发展，宋代的理学开始在金代的统治区域里流行，像周敦颐、程颐、程颢、邵雍、朱熹等人的学说，在金代的统治区域内都能找到学术传人。

（2）重视儒家教育

在金代的统治区域里，建立了许多学校，有女真府学、汉儿府学等。金代于1151年，建国子监；1166年，建立国子太学；1173年，建立女真国子学。由于这些学校以儒家经典作为基本教材和科举考试的主要内容，因而自然尊重孔子和儒学。另外，金代在各地还建立了许多孔庙，按时祭祀孔子。

在金代，影响最大的儒家学者是赵秉文。他毕生提倡儒学，精研儒家经典，其学较为纯正，故被誉为“儒之正理之主”。他的思想主要来源于二程理学和韩愈的道统说，继承了儒学民本主义的思想传统。

32. 西夏的儒家风气

西夏是由北方少数民族党项族建立的，曾长期与两宋及金代对立。为了巩固自己的实力，西夏统治者一直很自觉地吸收汉文化的思想和传统，崇尚儒术，尊孔子以帝号，称“文宣帝”，这是孔子在中国历史上称帝之始。除了礼事孔子，西夏还非常注重仿行中原的政治制度，采纳儒家思想拟定治国方针。

早在西夏立国始，其统治者就极为重视对儒家经典的翻译，尤其是儒学的启蒙读物《孝经》，不仅翻译成西夏文字，而且要求各级各类学校一律把它作为主要的教材来使用，并借此强调以孝治天下。其他如《论语》、《孟子》、《尚书》、《左传》、《贞观政要》等，也都先后译成西夏文字，并被列为各级学校的必读书。

西夏建国之初，就在其境内广置学校，传授儒学。1145年，西夏创设大汉太学；1160年，设立翰林学士院，进一步确立了儒学在国家政治生活中的主导地位，接着又令各州、县设立学校；1147年，设立唱名取士法，又立童子科，此后由科举进仕者越来越多。

西夏儒学的另一重要特色是儒士云集，人才辈出。像创立西夏文字的野利仁荣、斡道冲等，都对儒家经典有着极深的造诣，在民族文化的交流和融合方面，做出了相当重要的贡献。

33. 元代儒家理学独尊地位的确立

元朝是由兴起于漠北的游牧民族蒙古族建立起来的。由于蒙古族是单纯依靠军事征服的办法而建立起一个统一大帝国的，因此与汉民族有着不同的文化传统。元朝建立不久，统治者便不得不与汉族士人一起，借鉴儒学实施统治，以巩固自已的政权。

（1）统治者对儒学的推崇

早在成吉思汗时期，蒙古统治者就非常注意笼络汉族知识分子为己所用。到了忽必烈建立元朝的时候，儒家学说虽然一开始并没有受到重视，但由于受到一些汉族知识分子的鼓动，元朝统治者便进一步地推行了儒学。忽必烈对儒家学者非常尊重，除了任命一些儒者担任重要的职位外，还接受了儒家的“三纲五常”、“正心诚意”等治国平天下的道理。

（2）理学独尊地位的确立

儒学的地位在元朝得到真正的确立，是在仁宗时期。1313 年元仁宗下诏恢复科举，并规定中试者可选聘为官。从当时科举考试的主要内容看，基本是从《大学》、《论语》、《孟子》、《中庸》四书中设问，而标准答案只能是朱熹的《四书章句》和《四书集注》。其他如加试《诗经》，也是用朱熹的注释本；加试《周易》，兼用程注及朱注。这样一来，程朱理学便上升到官学的地位，思想文化界由此完成了从经学向理学的重大转折，理学的独尊地位开始确立。这既增加了汉族知识分子的仕宦途径，也使得儒家思想在蒙古、色目人中得到进一步传播。

元朝统治者也格外注意对儒家思想的宣传与推广，逐步意识到孔孟之道有利于化民成俗。忽必烈即位以后，接受姚枢“立学校以育”的建议，迅即任命许衡为国子祭酒，使贵族子弟接受儒家思想的教育；随后又增设蒙古国子监，以儒家文化教育蒙古贵族弟子。

除国子监外，元朝在全国各地普遍设立学校。元朝的书院活动也很活跃，书院以讲授儒家思想为中心。当时一些著名的理学家如吴澄、金履祥、许衡等都曾在这类书院中讲过学。南宋理学家在宋亡后不愿出仕元朝，大都退居书院，以讲学为尚。对此，忽必烈予以引导，由官府管理书院，从而使书院在传播理学的同时，能维护元朝的统治。随着蒙古贵族中越来越多的人喜欢儒学，儒学经典开始被大量的翻译成蒙古语，像《贞观政要》、《资治通鉴》、《大学衍义》等，当时都有蒙古语译本。凡此种种，不仅聚集了人才，而且极大地促进了儒家经典和思想在元朝的传播。

34. 明朝儒家心学的兴起和发展

明朝建立初期，虽然在朱元璋尊崇儒家思想的促进下，儒学有了一定的发展，但并不全面，得到发展的只是程朱理学。

(1) 明朝统治者对程朱理学的偏爱

早在洪武三年（1370 年），朱元璋就下令在科举考试的乡试、会试中，一律采用程朱一派理学家对儒家经典的标准注本，竭力提高程朱理学在官方学说中的地位，致使程朱理学出现前所未有的繁荣。永乐年间，明统治者接受儒家学者的建议，下令由官方出面，编修有关程朱理学的著作，由此开启了官方修订理学书籍的先例。1415 年，由明成祖亲自主持和作序，由胡广、杨荣等人具体负责的《五经大全》、《四书大全》、《性理大全》开始编修，这标志着程朱理学官学化的完成和确立。此后一个相当长的时期内，程朱理学成为明朝八股取士的唯一学术根据。

(2) 程朱理学官学化对儒学发展的阻碍

程朱理学的官学化一方面提高了理学的地位，有助于统治者利用程朱理学施行统治；而另一方面，这种官学化的过程，对于儒家思想的发展是弊大于利的。因为任何思想一旦定为一尊，其开放性便会受到束缚，导致活力减弱和式微。其最突出的表现，便是当时的学者不仅缺少思想的创造力，而且在学术上也极少创新，画地为牢。

（3）王阳明心学的兴起与发展

明中叶后，一些学者不甘受程朱理学的束缚而寻求出路，因此转向陆九渊心学方面的研究。成化、弘治年间，广东陈献章首倡心学，重视发挥心性。有了陈献章的倡导，加之其后王阳明的努力，心性学说便成为明后理学的主导而兴盛一时。

王阳明的学说有三大要旨，即“心即理”、“致良知”和“知行合一”。王阳明承继了陆九渊“宇宙便是吾心，吾心即是宇宙”的观点，认为宇宙万物规律皆在我心中，即是非、好恶等价值判断也在心中，心外便无事理。王阳明认为人人都有良知，只要依良知而行便会产生符合道德的行为，而无需向外寻找道德行为的来源。不过只有“知”是不够的，还要有“行”的配合才能发挥效用。

（4）王阳明心学兴起的深层原因

王阳明心学的兴起绝非偶然，它是由政治、经济和学术诸因素的共同作用才产生的。

政治方面，明中叶以后，社会危机不断加深。明太祖废宰相，由皇帝总揽政事，形成绝对君权的局面。而明朝自成祖以后，缺乏雄才大略的君主，于是出现了很多问题，宦官乱政、外族入侵、骨肉相残。这些都是与注重道德规范的程朱理学主张不符的，因此注重内心反省的心学便有了兴起的机会。

经济方面，明中叶出现了经济繁荣的局面，城市商品增加，刺激明代商业的发展。随着经济的繁荣，社会生活方式和价值观念领域也发生巨大变化。人们越来越看重金钱的价值，奢侈的风气也越来越盛。因此良知说的提出，正好用来纠正明代重利的风气。

但心学兴起的最主要原因还是学术本身。明太祖在加强专制之余，也加强了思想上的统治。到了明成祖时期，为避免出现人言各殊的局面，特命翰林学士胡广纂修四书五经颁行全国，作为士子科举考试的指定教科书，凡不符合程朱理学的宗旨者均视为异端，予以排斥。在这时期，出现了不少理学家，均是一派宗师。但他们的学问都承袭朱熹，少有创新。王阳明心学有一种摆脱传统的精神，对明后期的思想有很大影响。王阳明在讲学期间有很多学生，渐成声势，遍布天下。此外，他的主张特别适合平民的要求，因此心学也在民间流行。

35. 明朝中后期的儒家平民化

明朝中后期，在商品经济因素的影响下，加之王阳明心学思潮的促进，儒学呈现出由庙堂走向民间，由经院之学而向大众化、通俗化方向发展的迹象，甚至产生了同官方儒学、经典儒学迥然不同的平民儒学。其突出标志就是王艮开创的泰州学派在民间的迅速崛起。平民儒学的思想特色有：

（1）思想观点着眼于平民利益。

平民儒学思想具有强烈的人文关怀，与反映着统治者利益意愿的庙堂儒学迥然有别。王艮倡导“百姓日用之道”，他深切同情身处封建制度重压之下而不停呻吟的劳苦大众，把衣食不足、礼义不兴的原因归之于统治者失去了“教养之道”，提出以“人人为君子，刑措不用”的“王道”社会替代现实的“刑不胜刑，罚不胜罚”的专制社会的理想。颜钧进一步发展王艮的这种思想，并四方奔走，以讲学为途径，到处为民请命。

（2）抛开传注，对经典的改造革新。

宋代理学家非常尊崇《大学》、《中庸》，与《论语》、《孟子》配合成“四书”，并以这“四书”为儒家“六经”的阶梯，要求学者必须认真研读。平民儒者也很重视《大学》、《中庸》，王艮称“惟《大学》乃孔门经理万世”的一部“完书”。颜钧受之启发，从《大学》、《中庸》中阐释儒学基本精神，试图对儒学做一番改造革新，一扫传统儒学的教条习气和空疏无用的烦琐学风。而他鼓倡的这“大学中庸”，又有着他所赋予的独特涵义，这显然不同于理学家讲求的经典理论，而具有平易笃实、易知易行的特点。

除此之外，平民儒学还具有打破封建士大夫对文化的垄断、强调学术的平民性，将文化与学术社会化、普及化等特点。这样的平民儒学，自然难以为统治者所容，所以凡具“异端”性格、战斗精神的平民儒者无不受到迫害。但这种儒学却受到了普通民众的广泛支持，其思想在社会各阶层激起强烈反响，传习者众多。

无论是当时还是后世，平民儒学思想都有着广泛的影响，各派学者争相发表自己对此的阐释，形成了一脉相沿的进步思想，是稍后以反理学为主要内容的早期启蒙思潮的先导。

36. 明末儒家的清流运动和西学东渐

泰州学派平民儒学思想的出现决不是偶然的，而是顺应社会发展规律和人民群众的心声而来。它意味着宋明理学的衰落，也意味着陆王心学同样无法解救现实社会的危机。然而在没有新的思想文化可以取而代之的历史条件下，儒学家们的思考只能在旧有的范围内辗转。于是在晚明思想界就出现了一场“清流运动”。随着西方资本主义文化开始涌入，并对儒家思想产生了冲击。

（1）清流运动的兴起

清流运动的主要阵地是东林书院。东林书院由顾宪成、高攀龙等人在明万历年间创建。那时候，宦官专权，政治黑暗，和东汉末年的混乱气象颇为相似。于是一些儒家学者相聚在一起成立东林书院，在讲学之余，积极参加政治活动，反对宦官专权，向往政治清明。他们在学术思想上大体以程朱之学为宗，批评陆王心学谈空说玄、引儒入禅的学风，提倡治国救世的务实之学。

清流运动的著名学者首推其主要创办人顾宪成。顾宪成早年曾潜心王学，后转向朱学，学术倾向是在朱王之间找到平衡。如果说顾宪成的思想是有意调和朱王理论的话，那么东林书院的另一重要创办人高攀龙的思想则是明显地排斥王学，倾向朱学。除东林学派的一批清流人士外，在晚明思想界与其思想倾向相呼应的还有许多学者，他们大都像东汉末年的清流学者一样，敢于直言，曾多次上疏指陈时政，弹劾奸党，声援东林，其学问、气节为后世学者所推崇。

总之，晚明这批清流思想家出于对王学末流的不满，在向被王学所否定的朱学寻求思想资源的同时，也不得不承认朱学的内在缺陷。他们一方面呼唤向朱学复归，另一方面也试图寻求超越朱学，向早期儒学复归，以重建儒家思想新体系。

（2）西学东渐之风的兴起

正当明末的思想家们重构儒家思想新体系时，从西方吹来了一股清新的学风。16 世纪中期，在资本主义生产方式的刺激下，一些欧洲国家竭力寻求海外贸易市场，以扩大财源和势力范围。踏着早期殖民者的足迹，西方传教士蜂拥而至。1552 年 8 月，耶稣会创办人圣方济各·沙勿略经过千辛万苦之后终于抵达距广州 30 海里的上州岛。然而由于明朝实行闭关锁国的政策，奉行海禁，严禁外国人登陆，沙勿略未能进入中国本土，不久就病死在那里。但他的努力激励着他的同行，并终于撞开了中国大门。1582 年，罗明坚得到广东地区行政负责人陈文峰的批准，第一个进入中国内地，在广东肇庆天宁寺居住，正式传教，其时为明朝万历十年。而与其同时进入中国内地的利玛窦，由于极快地熟悉了中国，并适时地变通其传教原则，因而得以在中国长期居住和传教。作为第一个真正掌握汉语的传教士，在对中国介绍西方文明的同时，他对中国的古典文明进行过相当深入的研究，对孔子的哲学和儒家文化表现了极大的兴趣和崇拜，并把孔子及“四书”、“五经”介绍给西方人。

经过传教士的努力，不仅在较短的时间内吸引了成千上万的中国老百姓，而且受到了中国官僚阶层广大知识分子的普遍欢迎。

（3）知识分子对“西学东渐”的态度

当时的知识分子在欢迎西学的同时，也没有对中国固有文化尤其是儒学传统文化失去信心，并没有采取文化虚无主义的态度，而是持一种多元开放的文化心态。即便是那些支持西学的中坚人物也无不认为中国固有的文明自有其优长之处，中国文化的未来发展决不是也不可能是废弃传统文化特别是儒学，以让位于西方文化，正确的选择只能是取中西古今之所长，重建中国文化的新体系。在这种心态的指引下，当时的知识分子在接受西方文化的同时，竭诚地欢迎西方的科学技术。

西学东渐不仅是中国文化史上的一件大事，而且对儒家思想的发展和演变也具有至关重要的意义。在某种程度上说，它既启发了晚明的异端思想家，同时也为儒学思想体系的重建提供了新的思想资源。

37. 清代儒家的繁荣和“乾嘉之学”

1644 年 3 月 19 日，李自成率领农民起义军攻占北京，明崇帧帝吊死于煤山，明王朝灭亡。同年 5 月 1 日，清军攻入北京，颠覆了李自成的农民政权，取得了在中原地区的统治权，清王朝开始建立。

因清朝统治者是少数民族，他们在取得政权后，便积极地吸取中原文化所长。从顺治到康熙，再到雍正、乾隆，他们无不崇尚中国古典文化，并倡导知识分子研究儒家经典，励精图治。

（1）清朝统治者对儒学的崇拜

远见卓识的摄政王多尔衮积极争取汉族知识分子的支持和拥护，他沿袭了明朝大部分的制度和惯例，通过科举考试和荐举，结纳、网罗汉族知识分子，选择了一大批颇富学识的人担任官员。多尔衮的行为无疑影响了清朝的第一个皇帝顺治。顺治积极学习汉文，对中国古典小说、戏剧和禅宗文学很感兴趣。接替顺治之位的康熙大帝，礼贤下士，特开博学鸿词科以招揽众多有能力的汉族学者与清政府合作，共同振兴儒家文化。在康熙时代，儒家文化开始复兴，并取得了相当不俗的成就。雍正对中国传统文化尤其是儒家文化更为崇拜，即位之初，便追封孔子的五世先人，并把孔子当作老师来看待，在中国帝王中第一个向孔子行跪拜礼。他还继承康熙的传统政策，以程朱理学为儒学正宗，以科举考试笼络儒家学者，取得了很大的成就。

（2）“乾嘉之学”产生的原因

清朝皇帝对汉文化的崇拜，到了乾隆时代达到顶峰。乾隆不仅毕生致力于文学事业，以他的名义发表的诗词总数超过四万二千首，而且，他也像他祖父康熙那样，也致力于传统文化尤其是儒学的复兴，从而使顾炎武、阎若璩等人倡导的、17 世纪开始形成的“汉学运动”至乾隆、嘉庆时期达到高峰，史称“乾嘉之学”。

“乾嘉之学”的繁荣，或者说汉学运动的昌盛，除了统治者的提倡外，当然还有其他更为复杂的政治和文化背景。

就政治背景看，满族人在夺取政权的一段时间里，中原人民的反清意识普遍存在。清朝统治者忙于集中精力对付抗清的武装力量，而对一般汉族知识分子则采取比较缓和的措施。到了康熙末年和雍正时期，清朝在全国的统治已基本巩固，经济也获得了复苏，在这种情况下，清政府便向那些不合作甚至敌视满族政权的汉族知识分子采取了一种强硬措施，钳制言论，压制排满思想，先后造成一批较有影响的文字狱案。乾隆时代，清朝的专制政治达到高峰，这时虽然没有大规模的文字狱，但文网之严密，罗织之苛细，是康熙、雍正时期所未有的，使知识分子动辄得咎，无所适从，人人自危，时刻处于惶恐不安之中。在这种背景下，知识分子无法从事与现实有密切关系的经世致用之学，只能走上与现实相脱离的道路，一头钻进故纸堆，诠释古训，究索名物。从这个意义上说，所谓“乾嘉之学”又是清政府文化高压政策的产物，是征服者与被征服者之间文化冲突的产物。

就文化背景来看，清朝初期由于王学的空疏，知识分子已不屑于作王学的传承人，而一反王学，继而反对整个宋明时期的学术风尚，遥承两汉学术旨趣。学术界的主流是遵循顾炎武、阎若璩等人开创的“好古敏求”、“经世致用”的汉学路线，企图通过对传统儒家经典的重新诠释，发掘中国文化的精髓，重建中国文化的新体系。

（3）黄宗羲、王夫之的学术贡献

和顾炎武一样，清初大儒黄宗羲、王夫之虽然一开始也是宋明理学尤其是王学的忠实信徒，但他们也明显地意识到宋明理学尤其是王学的危机，而主张以“六经”为根底，以经世致用为目的，对“乾嘉之学”的形成起到不可估量的作用。

作为东林名士黄尊素的儿子，黄宗羲半生精力致力于匡复明室，然而因时代条件使然，他的理想只能是镜花水月。于是他只得归家著述讲学，将自己的所有理想都寄托在文字上。黄宗羲对晚明王学的内在缺陷有一种清醒的认识，故而竭力反对王学末流的空谈，主张为学的首要前提是精研“六经”，要独立思考，自辟蹊径，以经世致用为唯一目的，反对固守前人的思想观点，在学术思想和方法上实开一代新风。

王夫之的主要贡献是以“六经”为根基对宋明理学在学术上和理论上进行了深入的批判和总结。他在长达40余年的隐居生活中，潜心著述，大量笺衍“六经”，成书多达百余种，四百余卷。

总之，儒学在乾嘉时期发生重大变化，表现出与宋明理学的根本区别，其以人论道，着眼于事实，注重实践，注重后天的德性修为。

38. 清末儒家的西学化经学思潮

1840年的鸦片战争，使中国遭遇到前所未有的灾难。遭此打击及由之引发而出的中西方经济、军事、科技、政治和文化等领域的对比极大地刺激了中国人的神经，唤醒了他们的民族自尊心，一些进步思想家受国危世衰的打击，不再像乾嘉学者那样只知道终年蛰居书斋，而是主动关心现实社会政治，并试图借助“春秋公羊学”关于“三世”说的微言大义推动社会的改革和进步。龚自珍、魏源就是其中的杰出代表。

龚自珍亲眼目睹了封建末世的腐朽和民族危机的深重，因而提出“更法”的主张；魏氏从刘逢禄习“公羊学”，以今文经学方法论看待历史和现实，又受林则徐嘱托，广泛搜集史地资料，“为师夷长技以制夷”而撰成百卷本的《海国图志》。

以龚自珍、魏源观点的提出为标志，不仅乾嘉时期折入潜流的早期启蒙思潮再度复兴，而且开启了中国学习西方文明的过程。曾国藩以“会通汉、宋之学”的方式卫道在先；张之洞提出“中体西用”，试图借用西学以“起疾”在后；至康有为综合中西以改造今文经学，通过重新诠释儒家经典，建构起变法维新的理论体系，从而实现了由“早期启蒙”而“近代启蒙”的历史性转化。于是，便有了顺应时代发展需求的近代西学化的经学思潮。

近代西学化的经学思潮是围绕着既要解决日益深重的民族危机以救亡图存，又要实现中国思想文化的近代化这样一个看似矛盾，却又有着内在有机联系的时代课题展开的。因而，无论是表现形式，或者是思想内容，都集中表现为以下三个方面：

(1) 回归原典，返本开新，奋发图强

从经学思想史角度来看，每一次新思潮的出现都是以回归原典为表现形式而对前次思潮的一次矫正，从而对儒家经学思想有创新性的发展，此即“返本开新”之意。近代西学化的经学思潮也是这样。不过，传统社会中所出现的各种经学思潮，就儒者而言，往往回归原典的主观愿望是真诚的，但所返之“本”未必是真本，而所开之“新”更无论在表现形式、或者在内容本质上都很有限。这样，真正意义上的回归原典、返本开新便只可能在近代才会出现。因为儒学原典最具意义的精神是民主主义，专制君主的威权越来越遭到人们的普遍怀疑，新的社会经济因素的出现、西方文化的冲击，使得有着自身利益诉求和对社会发展前景期望的新的社会阶级阶层登上了历史舞台。

此时真正以返本开新为志做出伟大尝试，并在思想界和社会政治生活领城发生了震撼性影响的，首推康有为。康有为所做的尝试，就是其在近代社会条件下进行的“托古改制”。这里的“托”

有假托、伪托之意，但康有为却赋予“托古”以完全正面的意义，在他看来，“托古”是先秦各学派所采取的极普遍、很正常的思想方法，如墨子之托于夏禹、老子之托于黄帝，诸子“托古”乃为“开新”，即为其创宗立派提供历史依据和理论前提。

（2）借儒经之说以描绘未来美好愿景

儒家向来重视现实而较少玄妙的空想，唯《礼记·礼运篇》中托孔子之名描述了儒家对于未来社会的构想，具体描述了五帝时代社会“大同”的生动情景，并据之而提出了著名的“大同”、“小康”之说。

在近代，这个“大同”理想成为激励无数中国仁人志士反抗外来侵略和本国衰朽暴虐统治，谋求民族的独立、自由和解放，探寻社会前进发展道路的精神动力之一。无论是以康有为、谭嗣同、梁启超为代表的资产阶级维新派，还是以孙中山为代表的革命派，都提出了自己的“大同”理想。

（3）会通中西之学，研究阐释儒经，提出近代民主主义的政治诉求

清末，资产阶级革命派为反对君主专制主义而依据近代西方民主、自由、平等观念对孔子所创儒学展开尖锐批判，向2000余年来的孔圣儒经权威提出挑战。

与这种主流相配合的则是当时一些具有资产阶级民族民主革命倾向的学者会通中西之学，立基于新时代的社会立场，研究、阐释儒经，提出近代民主主义的政治诉求。这方面最值得关注的是刘师培编纂的《中国民约精义》一书。这是一部最直白地倡导民权自由的力作。该书上起孔子和孟子，下讫龚自珍、魏源，从2000余年间的传统著作中选录了关于反对专制、主张民主的论述，是一部以近代民权主义分析中国古代民主思想的著作。

以上所述的西学化的经学思想，是近代中国经学思想史的主流。这股与中国社会和文化发展方向相一致，居于主流地位的经学思潮，符合近代中国的时代主题，不仅赋予儒学传统以新的思想内容，并且有力地推动着中国思想文化的近代化。这从一个侧面表明

即使时代已发展至近代，儒家经典也没有失去其内在生命力，仍能从中开掘出推动社会和文化前进的精神资源。

39. 辛亥革命后儒家新传统主义的诞生

辛亥革命推翻了清政府的统治，结束了在中国历史上持续两千多年的君主专制制度，中国从此走向了共和。与此同时也带来了反共和主义的情绪，于是有了帝制复辟、尊孔思潮的盛行。由此诞生了儒学发展史上的新传统主义主张。

（1）国人信仰危机

当辛亥革命在政治上获得成功之后，意识形态领域的改革也势在必行，那些与共和政体不合的思想意识应及时矫正。1912 年初，南京临时政府依据民主共和的原则颁布一系列法令，要求各地小学废止读经和跪拜孔子之礼，禁止使用前清学部颁行的各种教科书，要求学校教员遇有教科书中与共和宗旨不合者，可随时修改，禁止讲授。

但自西汉以来的中国社会几乎全都以孔子的思想和儒家的学说作为治理国家的基本原则。辛亥革命之后欲废除孔子和儒家思想治国理念，而代之以民主共和，这不仅关涉到如何对待中国的文化遗产和思想资源的问题，而且是挑战中国社会公众的信仰问题。

南京临时政府颁布废止读经和尊奉孔子的命令在社会上引起了强大的反响。1912 年 10 月 7 日，陈焕章、沈曾植等人在上海发起成立“孔教会”，宣称以讲习学问为体，以救济社会为用，希望以此挽救人心，维持国教。同年，王锡蕃、刘宗国等在济南发起成立“孔道会”，推选康有为为会长。第二年 4 月 27 日，徐世昌、徐棋在北京成立“孔社”，以阐扬孔学，讲求实用，巩固国基为宗旨。10 月 3 日，沈维礼等在上海发起成立“环球尊孔总会”。几乎与此同时，严复、马其昶、夏曾佑、林纾、吴芝英、梁启超等学界名流 200 余人发起成立“孔教公会”。一时间，尊孔的呼声甚嚣尘上，其势力遍及中国。

这些提倡尊孔的人他们的政治主张虽然有差别，但在根本上，他们一致认为孔子的学说代表了中国人的文化精神，是中国社会秩序得以恢复和持续稳定的根本条件，其思想原则不仅合乎帝制时代，与民主共和的原则也没有根本性冲突。

可见，辛亥革命之后的社会秩序混乱，不单独表现在政治、军事方面，而且也表现在社会公众的价值取向和道德标准上。因此，如何尽快聚拢人心，统一道德标准，重建中国人的价值体系，便成为当时意识形态领域中最迫切的问题。

（2）新传统主义的诞生

既然恢复秩序、实现共和理想的手段与途径离不开孔子的学说和中国旧有的纲常伦理，那么随之而来的便是孔子的学说是否合乎自由平等民主共和的理想。在对这个问题的思考和回答过程中，产生了儒学新传统主义。

批孔者认为，孔子的学说或儒家精神不仅与民主共和原则毫无相通相容之处，而且处于根本对立的两极。而在尊孔者看来，孔子学说或许在历史上产生过某种不良的作用，为专制帝王所利用，但这不应归罪于孔子和儒家学说，当今国体已更，民主共和的原则已经确立，正是孔子学说得以真正发挥积极作用的时候。

可见，辛亥革命后尊孔者对儒家思想精义的解释已明显不同于辛亥革命之前的保守主义，他们实际上是站在民主共和的立场上对儒家思想进行现代性的发挥，故而可称他们为新传统主义，以有别于先前的文化保守主义。

然而，由于新传统主义者过分张扬儒学传统的积极意义，尤其是他们自觉或不自觉地将学理的探讨不恰当地转为政治实践，故而伴随着袁世凯、张勋两次帝制复辟运动及其失败，新传统主义又不可避免地陷入危机之中。

40. 新文化运动时期的儒家

儒学在2000多年的中国文化中占据着统治地位，这一现象在世界文明发展史中也是独一无二的。这一格局最终被1915年发起的新文化运动打破。那时候，许多西方思想观念传入中国，对传统文化造成极大的冲击，儒家思想受到批判，自汉武帝“罢黜百家，独尊儒术”以来以经学为代表的价值系统开始分崩离析。

（1）新文化运动后新知识分子的产生

辛亥革命之后第一代新传统主义者因政局的变动而退出，但他们并没有因其失败而停止宣扬自己的观点；而此时，新一代知识分子积极参加了新文化运动。正是在这种背景下，新旧知识分子的分化已不可避免，新一代知识分子自动脱离老一代知识分子的固有轨道，另辟捷径，寻找救国新途径。

关于这一点，最具象征意义的是陈独秀创办的《青年杂志》。陈独秀早年留学日本，曾加入孙中山领导的同盟会，参加了辛亥革命及反对袁世凯复辟帝制的斗争。1915年，陈独秀创办《青年杂志》，一年后更名为《新青年》，发表抨击尊孔复古的文章。他在创刊号上发表《敬告青年》一文，提出了民主和科学的口号，向封建主义及其意识形态发动了进攻。

（2）新文化运动对中国传统文化的批判

在《新青年》的早期，其人文关怀已不限于旧范畴的新旧之争，而是以现代化的理念为指导重新审视中国传统文化的价值，重建当代青年的价值核心。他们在检讨传统文化的现代价值时，既敢于正面驳斥辛亥革命后新传统主义的观点，充分阐述传统文化与现代生活不相和合的地方；又敢于站在积极的立场上，以近代以来中国人从未有过的勇气宣布中国传统文化从总体上说已严重落伍，不仅毫无积极意义可言，而且已经成为中国走向现代化的严重障碍。

陈独秀和《新青年》的早期作者对中国文化传统的批判，无疑是以现代化的理念为指导而进行的文化重建工作。在他们看来，中国的现代化运动之所以从19世纪中叶以来裹足不前，除了复杂的国际国内背景外，更深层的原因恐怕只在于文化方面。正是基于这种现实感受，《新青年》的早期作者们对中国传统文化发起了全面的攻击，对传统儒学文化全盘否定的倾向甚为明显。

（3）激进派与稳健派对儒学的不同态度

新文化运动中的激进派有一种全盘反传统反儒学的倾向，他们将儒学与传统文化说得一无是处，认为中国的未来前途只能待于中国放下天朝帝国的架子，虚心学习西方的近代文明。这种观点虽为五四新文化运动所特有，但并不能代表新文化运动的全部。新文化运动中的稳健派如胡适，他虽然同样对儒学持一种严厉的批评态度，然而出于学者的理性态度，他似乎从来不主张将儒学彻底打倒，而主张持一种分析和批评的态度。

总之，新文化运动使新时期儒者的关注点从外部移入内部，思考既使中国获得进步与发展，又要避免西方问题的解决办法。故而当他们在竭力构建儒家思想的新体系的时候，已不能再像他们的思想前辈那样，竭力排斥西方近代文明，而是能够相对坦然地面对西方近代文明对中国文化的冲击，能够在一种比较适度的范围内调和中西方文化，重建中国文化的新体系。这就昭示着新儒家的诞生和后经学时代的到来。

41. 民国时期的儒家发展

在新文化运动的冲击下，儒学本已成为历史的故纸堆。然而到了20世纪20年代中期，由于各种机缘巧合，儒学又有了复兴的迹象。除了梁漱溟、张君劢、熊十力等民国文人对儒学的新解释之外，当时政治上的需要也是儒学复兴的另一个重要因素。

（1）利用儒学美化政权

20世纪20年代，中国正处于军阀混战的时期，民不聊生，为了争得正统地位和合法性，多数军阀都在鼓吹中国传统文化的优越性，这既是为了与正在形成重要势力的中国马克思主义相抗衡，也是军阀之间争权夺利的一个手段。

尤其是到了南京国民政府于 1927 年成立之后，文化复古就不是一般意义上的文化运动，而具有明显的意识形态意义。特别是一些“御用”文人，以曲解的手法将三民主义儒学化，从而使儒学不仅重新获得合法的地位，而且与官方意识形态相结合，取得了至高无上的地位。

（2）“新生活运动”

为了实现自己的政治目的，国民政府对儒学非常重视，其目的是想以儒学控制人心，重建秩序，以维护其一党独裁的政治统治。基于这种政治考虑，蒋介石在 1929 年制定的《教育宗旨及其实施方针》中，明确提出以中国传统道德中的所谓“四维”（礼义廉耻）、“八德”（忠孝仁爱信义和平）、“五达道”（即五伦：君臣、父子、夫妇、兄弟、朋友）、“三达德”（又称武德，即智、仁、勇）等作为中华民国道德教育的基本内容。

到了 1933 年，蒋介石出于反共的需要，于军事极为紧张的关头，亲自发动所谓“新生活运动”，以期在更大的范围内鼓吹文化复古主义。翌年，南京政府规定每年的 8 月 27 日孔子诞辰为国家纪念日，全国举行盛大的孔子诞辰纪念会。

（3）中国本位的文化建设主张

1935 年 1 月 10 日，何炳松、陶希圣、萨孟武等上海十位名教授联名发表《中国本位的文化建设宣言》。他们主张要使中国能在文化的领域里抬头，要使中国的政治社会和思想都具有中国的特征，必须从事中国本位的文化建设。为此，他们提出几项具体主张，即要注意中国目前地域、时代的特殊性，对固有的文化加以检讨，存其所当存，去其所当去。对欧美文化也如此，吸收的标准，当决定于现代中国的需要。

从表面上看，中国本位的文化建设主张具有明显的折衷调和倾向。但从中国文化建设的长远观点看，这种主张无疑是有害的。

42. 抗日战争时期的儒家构建

随着中国的民族危机日趋加深，日本侵略者大举发动了侵华战争。在这种形势下，民族文化复兴论者的势力得到了壮大。他们有一个共同愿望，那就是在民族危机的历史关头通过对儒学的研究为中华民族提供一种精神力量和救国智慧。

（1）中国文人肩负的历史重任

中国文人自古就有忧国忧民的传统，也有论兵言武的传统，抗日战争时期亦如是。综合抗战时期中国思想文化界的全部情况看，可以说尽管存在着许许多多的争论与冲突，但在民族精神的复兴与重建这一点上，各派学者都有相当一致的基本共识。他们都在竭尽自己的智慧与能力，从哲学、学术层面证立中华民族不畏强暴的抵抗精神和热爱和平的根本特性。比如新儒学的重要代表人物熊十力，在抗战之前致力于儒家思想的返本开新，从事于纯哲学的创造。但当抗日战争全面爆发后，熊十力在颠沛流离之际，深感唤醒民族精神的重要性，在着力于形而上思考的同时，不废讲学，并撰写《中国历史讲话》一书，倡言五族同源，提倡民族精神，表现了中国思想文化界知识分子的忧国情怀、乐观精神和哲学思维。

（2）共产党领导的民族新文化建设

同时期，中国共产党在批判各种文化复古主义、保守主义的同时，也着力于自己体系的创建。1940 年初，毛泽东发表《新民主主义论》，正面阐述了中国共产党对待文化传统尤其是儒学的基本立场，认为新民族主义文化是民族的、科学的、大众的。他指出，中国共产党人多年来不但为中国的政治革命和经济革命而奋斗，而且为中国的文化革命而奋斗。一切这些目的，在于建设一个中华民族的新社会和新国家。在这个新社会和新国家中，不但有新政治、新经济，而且有新文化。建设中华民族的新文化，就是中国共产党人在文化领域中的目的。

43. 当代儒家思想的复兴

在建设社会主义新中国的同时，儒学也迎来了新一轮的研究热潮，获得了突飞猛进的发展。

（1）20 世纪 80 年代新一轮儒学研究热潮

随着匡亚明、庞朴等人评价孔子与儒学的文章的陆续发表，中国大陆新一轮孔子与儒学研究热潮开始了。紧接着，“中国孔子研究基金会”于 1984 年正式成立，并于同年 9 月在孔子故里山东曲阜召开了全国孔子讨论会。在这一过程中，各地以儒学、孔子、传统文化为名义的学术讨论会接连不断，不同名目的研究机构也如同雨后春笋一样纷纷成立。学术界在肯定儒家在中国历史上占有重要作用的同时，希望其可以在未来的现代化过程中继续发挥作用。

（2）20 世纪 90 年代儒家的新开始

此时，中国改革开放的事业继续顺利推进，中国政府做出了弘扬民族文化以振奋民族精神的选择。儒家思想是崇尚统一、调和的哲学，天人合一是其精髓，应该把它作为优秀的传统文化加以汲取和借鉴，使之为己所用，以实现文化的多元化，让中华文明可以得到更好的营养，能够更快地发展。

随时中国民族文化的发展以及精神文明建设进程的推进，在有识之士的不断呼吁下，广大国人心中的文化归属感渐渐苏醒，逐步认识到国学的重要性以及儒家文化的先进性。尤其是现在，随着全球政治经济形势的发展，中华文化的核心——儒家的精髓不断被认识、被发掘、被赋予新的时代含义，它以焕然一新的面貌，展现在世界文化艺术的殿堂。

第 二 章

儒家的主要派别

有名而无实，则其名不行；有实而无名，则其实不长。

——宋·苏轼《策别安万民》

1. 战国八派

孔子终其一生都在从事教育活动，弟子众多，有“弟子三千，贤人七十”之誉。孔子的思想体系涉及的范围相当广泛，孔门弟子对孔子言论和思想的理解各有所异。所以，孔子逝世以后，孔门弟子开始逐步分化。到了战国的中后期，儒学在成为“显学”的同时，在儒家内部也形成了八个不同的派别。

（1）子张之儒

子张姓颛孙，名师，字子张，春秋末期陈国阳城（今河南淮阳）人，生于公元前503年，卒年不详。子张是孔子晚年的弟子，从学后学业出众，与子夏、子游齐名，曾从孔子周游列国。他勤学好问，经常与孔子讨论各种问题，《论语》中记其向孔子问学达20次之多。子张的脾气暴躁，思想偏激，但他为人博爱容众，交友颇广。子张终身未仕，在孔子死后，他长居陈国，收徒讲学。子张的弟子以后就形成了“子张之儒”，被列为战国儒家八派之首。

“子张之儒”的学术或政治主张究竟如何，现在已难知其详。现代学者敦沫若根据“子张之儒”具有博爱容众、严己宽人等特点，认为“子张氏的后学们似乎更和墨家接近”，并推测“墨翟受了子张的影响”。

（2）子思之儒

子思是孔子的孙子。关于“子思之儒”的学术或政治主张究竟如何，现在已难知其详。按大多数宋儒的观点，“子思之儒”发挥了孔子的中庸思想，把儒爱道德范畴“诚”这一精神实体提高到世界本原的地位，对儒家的心性之学有重大贡献。宋儒之说，近代以来有不少学者表示怀疑。

（3）颜氏之儒

综合文献资料的记载，孔子弟子中姓颜的共有八人：颜无繇、颜回、颜幸、颜高、颜祖、颜之仆、颜哙、颜何。“颜氏之儒”究竟是其中何人之学所传，今天已难确断，学术界一般认为是以颜回为代表。

颜回是孔子最得意的弟子，其学派的最主要特点是安贫乐道，重在下功夫实践孔子的仁德思想。此外，在《庄子》一书中，也提到过颜回之学的“坐忘”、“心斋”等修养理论。

（4）孟氏之儒

学术界一般认为，“孟氏之儒”是以孟子为代表的。孟子是战国中期儒家的主要代表人物，他发展了孔子的“仁学”思想，提出了“人性本善”的理论，施行“仁政”、“王道”的政治理想和“民贵君轻”的民本思想等。但孟子曾自云：“予未得为孔子徒也，予私淑诸人也。”（《孟子·离娄下》）司马迁在《史记·孟子荀卿列传》中说其“受业于子思门人”。故敦沫若认为，“孟氏之儒”不仅与“子思之儒”为一系，而且也与“乐正氏之儒”为一系。

（5）漆雕氏之儒

据史料记载，孔子弟子中姓漆雕的共有三人：漆雕开、漆雕哆、漆雕徒父，学术界一般认为“漆雕氏之儒”是以漆雕开为代表。

漆雕开，《汉书·艺文志》作“漆雕启”，据宋儒王应麟考证，“启”为原名，汉人避汉景帝名讳改为“开”，春秋末期鲁国（一说蔡国）人，生于公元540年，卒年不详。漆雕开是孔子的弟子，孔子曾让他去做官，他说对做官没有信心，孔子听了表示很赞赏。漆雕开具有坚韧不屈的勇气，应属于孔门弟子中任侠的一派。在对人性的看法上，他主张有善有恶。

（6）仲良氏之儒

这一派不可考。据著名学者陈奇猷推测，“仲良氏之儒”或许是《礼记·檀弓上》所载的仲梁子一派。仲梁子，东汉郑玄在《礼记注》中说他是鲁国人。这一派可能兼有曾参、子夏二家之学，主张从人和人性的角度解释礼。

（7）孙氏之儒

“孙氏之儒”一般认为是以荀子为代表的一派。荀子是战国晚期儒家的代表人物，继承了孔子的治学传统。在政治思想上，他倡言礼法兼治；在哲学上，他主张“天人相分”；在人性论上，他提倡性恶论，强调后天学习的重要性。

（8）乐正氏之儒

这一派不可考。据陈奇猷推测，这一派或起源于曾子弟子乐正子春，以孝道闻名，古籍中多有记载其孝行。

总之，战国时期的儒家八派之间的观点很不相同，但都认为是代表了孔子的儒家思想。从后来的历史发展来看，孟子一派和荀子一派影响颇大。

2. 今文经学派

汉代的儒学以经学的形式展开，于是儒学中的派别也就以经学中的派别为其主要标志。在西汉时期，盛行的是今文经学派。

（1）学派的产生背景

经过秦始皇的“焚书坑儒”这场文化浩劫，民间所藏的先秦百家之书尽皆焚毁，仅存官方所藏，也只有官方职司博士官者可研究阅读。

今文学派的形成是以“五经”（即《诗》、《书》、《礼》、《易》、《春秋》）博士官的设立为重要条件的。最初，儒家经书在口耳传授之际，以汉代通行的隶书体文字写成。随着五经博士官数及弟子人数的不断增加，几乎形成了一个拥有相当政治势力的学术团体。他们在对经学解释及对政府体制、政策的意见上，形成了特殊的观点，与后来发展出的另一批古文经学研究者的观点多有不同。古文经学者为与其区分，遂自称为古文经学派，并称其为今文经学派，于是得名。

（2）学派的学术研究特点

今文经学派在学术研究上的基本特性有三：首先，它研究的典籍虽是儒经，而表达的观念却是汉代的思潮，是一个融合了先秦各家学说、以儒家面貌表现的汉代儒学。其次，今文学派所依据的儒学经典，是经儒生口授相传而以汉代通行的隶书体写作而成的。第三，这个学派解经时的理论性格极富创造性，且充满了宗教神学的意味，是两汉学术风气的表现。

总之，今文经学派就是汉儒中以当时流行文字所写成的典籍为依据，在形而上学上侧重宗教神学方面、在社会政治哲学上侧重配合新时代提出新建制观点，以阐述儒学理论的学派。

（3）学派的学术主张

首先，他们十分尊崇孔子，把孔子抬到相当高的地位，认为他是受命的“素王”，而“六经”皆孔子所作，是孔子发挥自己托古改制思想的作品，亦因此认为刘歆所提的古文经书是其伪作。其次，由于今文经学家把“六经”当作一次创作的教材，故而将其进行内容上由浅到深的排序，而不重视它们在历史上的客观产生次序；再者，今文经学派师承传授皆历历可考，且在西汉便立为学官，因此重师法、家法，一方面谨守门风，另一方面形式繁琐；第四，在对政治问题的观点上，今文经学家多注重现实，提出符合汉王朝利益的政策观点等。

3. 古文经学派

经过秦始皇的“焚书”，作为战国时期经籍的古文经书遭遇了大浩劫，但还是有一小部分被藏匿而保存了下来。这部分经书便成了古文经学派的史料来源。

（1）学派的史料来源

后被发掘的儒家经籍是古文经学派的研究史料，据史料记载在汉初主要通过三种途径发现经典：一是从孔子旧宅壁中发现的；二是鲁国奄地发现的；三是河间献王刘德搜集的。上述三处发现的主要是古文《尚书》、《礼经》、《周官》三种。至于《诗》、《春秋》等，汉初在民间一直流行着，并不属于发现的古文经典。

（2）学派的倡导者

古文经学派的振兴与刘歆的积极倡导是分不开的。汉成帝河平三年（前 26 年），刘歆受诏协助校理图书。他将秘藏的古文经本传出内朝，重新整理了《左氏春秋》。汉哀帝即位时，刘歆建议将发掘的古文经典皆列于学官，遭到今文学者的反对。王莽篡权后，刘歆被封为国师，号“嘉新公”，古文经学被列为官学。但随着新朝的崩溃，古文经学也就被废弃了。

东汉时期，古文经学以私学的形态发展，涌现出一批卓有成就的学者，其中最为突出的是“郑、贾之学”（郑兴、贾逵）及马融和其弟子郑玄。

（3）学派的特点

古文经学与今文经学在经书的字体、文字、篇章等形式上，在重要的名物、制度、解说等内容上都不相同。今文经学近于哲学，强调“经世致用”；古文经学近于史学，讲究考据。在东汉，两者之间还有有神论与无神论、政治与学术的区别。

古文经学与今文经学之争，由单纯的对书籍本身的不同看法，扩大到了学术思想、学派体系、政治观念和社会地位等诸方面，几乎贯穿了整个漫长的封建社会，不仅对经学的发展产生了重要影响，也对整个中国思想史的发展产生了重要的影响。

4. 通学派

通学派，亦称“郑氏学”、“通学”、“郑学”等，是指东汉末由郑玄开创的经学学派。

郑玄是著名经学家，曾师事第五元先、张恭祖、马融，先后研习了今文经学和古文经学，然后网罗众家之说，把今文经学和古文经学通融为一。郑玄在经学上的重大成就，使他成为汉代最大的“通儒”，同时也是两汉时期儒家经学的集大成者。根据史籍记载，郑玄曾注解过众多儒家典籍，弟子数以千计。从魏晋至隋唐，郑学的流传始终很广。

（1）学派概况

汉末魏初，郑氏门徒遍天下，经学界几乎成了郑学的天下。郑门弟子或在朝廷为官，或任博士，或从事著述，或于民间收徒讲学，共同传授郑氏经注，阐发通学。

当时，朝廷讲论经义均采用郑注，儒生、学者皆为郑学的博大宏通、无所不包所震撼，转而崇尚郑学。

（2）学派的地位

魏文帝以后，随着九品中正制的实行，已不以经术取士，选官重门第，经学开始衰落。然因士族最讲究礼，而郑玄对礼最为精通，故所注“三礼”受到重视，郑学仍有相当的地位。三国时期，虽有王学派的冲击，但直至魏末，由于郑玄弟子众多，朝廷讲论经义仍用郑玄经注。通学派的影响深远，直至很多年后，清朝乾嘉学派提倡“汉学”，对郑学仍十分重视。

5. 王学派

王学派是由王肃创立的儒家学派。

王肃是司马昭的岳父，司马氏夺取政权后，王肃官居太常，总领五经博士，他凭借政治力量把自己的一系列经注都立为官学。王肃治学特点在于“采会同异”。他遍注群经，不管今文经学还是古文经学，兼而采之，汇异同于一体，和郑玄之学有相似之处。但王肃是郑学的批驳者与挑战者，在某些方面纠正了郑学的疏漏，但最后这种反驳走向了极端。

王学派在魏国后期和西晋产生过相当深刻的影响，但“永嘉之乱”后，其影响基本消失。

6. 玄学派

“玄”这一概念，最早见于《老子》：“玄之又玄，众妙之门。”玄学即是研究幽深玄远问题的学说。

玄学是三国、两晋时期兴起的，以综合道家和儒家思想学说为主的哲学思潮，故通常也称之为“魏晋玄学”。玄学是魏晋时期取代两汉经学思潮的思想主流。魏晋人注重《老子》、《庄子》和《易经》，称之为“三玄”。

（1）学派的产生

魏晋玄学是在汉代儒学衰落的基础上，为弥补儒学不足而产生的；是由汉代道家思想、黄老之学演变发展而来的；是汉末魏初的清谈直接演化的产物。魏晋玄学的主要代表人物有何晏、王弼、阮籍、嵇康、向秀、郭象等。

（2）学派的基本特点

魏晋玄学的基本特点是：一是以“三玄”为主要研究对象，并以《老子》、《庄子》注解《易经》；二是以辩证“有无”问题为中心；三是以探究世界本体为其哲学的基本内容；四是以解决名教与自然的关系问题为其哲学目的；五是以“得意忘言”为方法；六是以“辨名析理”为其哲学的思维形式。

玄学就其哲学范畴来讲，可称其为形而上学，“形而上”简单来说既是抽象出来的意思，也是对一些抽象内容以生动的方式方法进行解说和发展。

7. 濂学派

濂学是由北宋儒家学者周敦颐开创的理学学派。周敦颐晚年定居庐山莲花峰下，以自己家乡营道的水名“濂溪”来命名堂前的小溪和书堂，“濂学”之名也因此而得。

（1）周敦颐与二程的师承关系

周敦颐一向被学术界认为是北宋理学中“程朱理学”一派的“开山祖师”，但从实际的理学历史发展过程来看，周敦颐在北宋理学崛起之时的影响很小，他之所以能获得如此地位，主要原因是洛学的创始人二程兄弟，曾师事于他。关于濂、洛学间的师承关系，学术界历来有不同说法，争论很多。二程少年时曾短暂问学于周敦颐，但二程的思想与周敦颐的关系并不很大。

（2）学派的影响

由于周敦颐没有处在当时的政治和时代思潮的中心，濂学在当时没有形成很大的学派，所以很难产生大的社会影响。只是南宋时期朱熹、张栻等的极力推崇，周敦颐才被视为“理学开山”，加上朱熹的学说后来被定为官学，这一点也就为大家所接受了。

周敦颐的思想学说还是具有鲜明理学特征的，尤其是他的《易》学思想和“诚”的思想，对以后的理学发展有很大的影响。周敦颐倡导宇宙本原道德化，并从中寻求封建伦理道德的永恒性依据，他的《太极图说》、《通书》、《爱莲说》等援道、释入儒，他所提出的许多命题以后也反复为理学家所讨论，影响深远。

8. 关学派

关学是萌芽于北宋庆历之际的儒家学者申颜、侯可，至张载而正式创立的一个理学学派。因其实际创始人张载世称“横渠先生”，因此又有“横渠之学”的说法。

（1）学派名字的来历

所谓“关学”即关中（函谷关以西、散关以东，古代称关中）之学，是从地域角度而言的，因为无论申颜、侯可，还是张载，都是关中人，关学中弟子也多为关中人，故称之为关学。如果就关学的内涵性质而言，它属于宋明理学中“气本论”的一个哲学学派。

（2）学派的主要理论

关学以《易》为宗，以《中庸》为体，以《礼》为用，以孔、孟为法，提出了以“气”为本的宇宙论和本体论哲学思想，是中国古代朴素唯物论哲学发展的一个里程碑。关学提出了“民胞吾与”的伦理思想，确立了对释、道思想的批判立场。与一般的理学学派不同，关学特别强调“通经致用”，提倡“躬行礼教”，注重研究法律、兵法、天文、医学等各方面的问题。

（3）学派的发展历程

张载创立学派后，“关学之盛，不下洛学”，弟子中名人辈出。但张载死后，关学因分化而衰微，一些人转投洛学。

关学对后世的影响，主要体现在对明清时代的王廷相、王夫之、李颙、戴震等思想家的思想学说的影响上，他们继承并发展了关学的传统。

9. 安定学派

安定学派，又称“苏湖学”、“湖学”，是北宋庆历（1041—1048 年）前后理学开始正式崛起时出现的一个学派，对理学的形成具有重大影响。

（1）学派的创始人

安定学派的创始人是胡瑗，他是宋初著名的教育家、经学家，其远祖世居安定（今甘肃泾州以北），学者习称其安定先生。又因胡瑗成名主要是在苏州、湖州，所以又称作“苏湖学”或“湖学”。

胡瑗曾在范仲淹创建的苏学（苏州府学）中担任教授。胡瑗执掌的苏学，学规严格、教法切实。后在范仲淹推荐下，胡瑗应滕宗谅之邀，出掌湖学（湖州府学），设立“经义”、“治事”两斋，教学声名日显。他所创立的“明体达用”教育宗旨，对后来的理学家影响很大。

庆历四年（1044 年），范仲淹领导的“庆历新政”实施贡举改革和兴办教育，借鉴了胡瑗的教学方法。胡瑗从事教学长达 26 年，有许多弟子，形成了安定学派。

（2）学派的影响

安定学派最初在东南地区流传，后来胡瑗入主太学，其学派影响又及京畿，北宋中期不少学者及官员都出自胡瑗门下。安定学派中最著名的弟子，当推后来成为洛学创始人之一的程颐。

10. 洛学派

洛学是指以北宋儒家学者程颢、程颐开创的理学学派。

（1）学派的来历

洛学是就地域而论的，因为二程兄弟是河南洛阳人，又长期在洛阳从事讲学活动。如果从洛学的内涵而言，它属于宋明理学中“理本论”，后与朱熹之学结合称作“程朱理学”。

（2）学派的学术贡献

二程兄弟自认为其学说是把孟子以后中断1400年之久的儒学“道统”承接了起来。二程之学以“理”为最高哲学范畴，“理”既是指自然界的普遍法则，又指人类社会的当然原则，适用于自然、社会和一切具体事物。这就把儒家传统的“天人合一”思想，用“天人一理”的形式表达了出来，这是洛学对中国古代哲学的一大贡献。

（3）学派的思想核心

洛学的思想核心，就是高扬孔孟儒学精神，强调道德原则对个人和社会的意义，注重内心生活和精神修养。在经学方面，二程除与当时的儒者一样重视《周易》和《春秋》之外，还特别重视后来被称为“四书”的《大学》、《中庸》、《论语》和《孟子》。在治经方法上，二程反对沉溺于经文的训诂章句之学，强调“独见”、“自得”，重视“经”与“道”的关系，主张“知道”、“求道”。正因为如此，其学术思想在当时又称为“道学”。

（4）学派的影响

二程一生以从事教育为主，因此培养了大量弟子。程门弟子遍及各地，洛学也成为北宋后期唯一能与得到官方支持的王安石新学相抗衡的最大学派。在二程众多的弟子中，以谢良佐、吕大临、杨时、游酢最有名，被人们称为“程门四大弟子”。

虽然程颢和程颐共创洛学，但两人的思想还是有一定区别的。相对而言，程颢比程颐更注重个人内心的体验。因此有一些学者认为，程颢的思想是后来陆九渊“心学”的源头，程颐的思想则是后来朱熹“理学”的源头。

洛学与朱熹的闽学结合起来，成为中国封建社会后期官方哲学中的正统学派，其思想学说成为官方统治思想。

11. 荆公新学派

荆公新学派是北宋神宗时期王安石创立的学派，学术界一般称之为“荆公新学”，简称为“新学”。

（1）学派的主要思想

《三经新义》的撰修，体现了王安石“以经术造士”的思想。王安石认为，经术造士是盛王之事，训释经义，教育士子，符合盛王的做法，因此他们要重新训释经籍，使义理明白，解除以往对经学的曲解，从而能够以经学来化民成俗。在《三经新义》中，以《周礼义》最为重要，它是变法的理论依据，因此由王安石亲自训释；《诗义》、《书义》则由其子王雱和吕惠卿等共同参与训释。《三经新义》完成后，由官方在全国正式颁行，由此标志着汉唐经学的结束和宋学的全面展开。

新学虽以《三经新义》和《字说》为主，但并不限于这些内容，王安石的《洪范传》、《老子注》、《易义》、《杂说》等，也无不是新学要著。此外，新学对《孟子》也很十分重视。

（2）学派的特点

新学属于北宋时期开始兴起的儒家心性之学，即所谓“道德性命之学”或“性理之学”，是当时理学思潮中的一个重要学派。王安石对传统章句训诂之学的否定，对释道思想的汲取，对孟子的推崇，对道德义理的提倡，对理想人格的追求，对性命、情欲、义利等问题的探究，丝毫不逊色于同时代的任何一思想家。

新学派以王安石为首，其主要成员有王雱、吕惠卿、蔡卞、常秩等。不过，自王安石去世后，新学因意识形态化而变质，不仅没有出现有影响的学者，更有甚者，使其学成为用来排斥异己的工具。南宋后，随着对王安石变法的否定，程朱理学成为思想学术主流，新学也就被视为“异端邪说”，不断遭到贬低和否定。

12. 蜀学派

蜀学，指由苏洵开创，苏轼、苏辙兄弟加以发展，黄庭坚、张耒、秦观等文人学士参与组成的、有共同思想基础与学术倾向的儒家学派。

蜀学在发展过程中，显现出了四川的地域特色，与齐鲁之学、关学、洛学、闽学等相比较，有独特的学术个性，故而称为“蜀学”。

（1）学派概况

蜀学是由三苏父子创立的儒学派别，是北宋中期儒、释、道三家融合的时代产物。三苏以儒为宗，通过融通三家、兼采诸子来创立蜀学体系。长期以来，由于三苏在文学领域的巨大成就掩盖了其在经学领域里的贡献，其实三苏的经学著述颇多。

（2）学派的发展历程

蜀学出萌于两汉时期。当时儒学在蜀地得到广泛传播，改变了当地“蛮夷之风”，从此蜀地人才济济，文章大雅，不亚中原。其中最有代表性的是“汉赋四家”中的三家：司马相如、扬雄、王褒，他们是学有专精的经学家。北宋时期，三苏在经学方面与洛学、新学鼎足而立，共同构成当时中国学术的三大主流。南宋时期，三苏后崛起了张栻、魏了翁两位著名人物及所代表的南轩学派和鹤山学派，其影响所及，超出了巴蜀地域，成为有全国影响的重要思想家和学派。晚清时期，尊经书院创办，张之洞、王闿运促成了蜀学与江浙、湖湘的学术交流与融合，蜀学得以蓬勃发展。近代以来，蜀学继宋代之后又呈后兴之势，尤以今文经学与维新思潮相结合为特点。

13. 婺学派

婺学又称“吕学”、“金华学派”，是指南宋中期由吕祖谦开创的一个儒家学派，它是南宋“浙东学派”的重要一支。婺学是因唐宋时期金华称婺州而得名。由吕祖谦创建的婺学，在当时与朱熹的“理学”、陆九渊的“心学”齐名并鼎足相抗。

吕祖谦家学渊源，与朱熹、张栻交往甚密，时人以“东南三贤”称之。他又与浙东诸子及江西三陆子（陆九龄、陆九韶、陆九渊）私交很深，朱熹和陆九渊的“鹅湖之会”，发起者就是吕祖谦。

吕祖谦一生从事教育活动，从其学者甚众，朱熹、张栻这些大儒兼教育家都把子女送到吕祖谦门下求学。在其弟弟吕祖俭的协助下，吕祖谦创建了与岳麓书院齐名气的丽泽书院。在吕祖谦婺学的后学中，最为出名的是宋末王应麟。

14. 永嘉学派

永嘉学派，又称“事功学派”、“功利学派”等，是南宋时期在浙东永嘉（今温州）地区形成的一个儒家学派，和婺学派一样，也是浙东学派的一个重要分支。

(1) 学派的渊源

永嘉之学起源于北宋庆历之际的王开祖、丁昌期等人，以后周行己、许景衡等又把洛学、关学传到永嘉，到南宋形成学派。南宋时，永嘉地区学者辈出，郑伯熊、薛季宣等是前期永嘉学派的代表学者，后期到叶适则集永嘉学派之大成，他成为吕祖谦去世后与朱熹理学、陆九渊心学鼎足相抗的浙东学派代表人物。

永嘉学派的形成，与南宋时期永嘉地区商品经济的发展有密切的关联。当时，永嘉地区出现了富工、富商及经营工商业的地主，永嘉学派代表的正是这些新兴阶层的利益。

（2）学派的特点

永嘉学派强调功利。政治上，提倡以民为本，改革弊政，对外主张明“夷夏之辨”，抗击金兵入侵。经济上，反对中国传统“重本轻末”、重农抑商的思想，认为应该通商惠工、扶持商贾，发展商品经济，并认为雇佣关系和私有制是合理的，富人应该成为社会的中坚力量。在学术思想上，一是重视事功之学，认为讲“义”不可以离开“利”，对传统儒家中所谓“正其谊（义）不谋其利，明其道不计其功”（董仲舒语）的说法表示异议；二是重视历史和制度的研究，希望通过考求历代国家成败兴亡的道理、典章制度沿革兴废，找到振兴南宋、转弱为强的途径。以上这些思想反映在其哲学研究上，即认为“道不离器”，反对“专以心性为宗主”。

总之，永嘉学派继承并发展了传统儒学中“外王”和“经世”的一面，使儒家学说不致完全陷入个人的心性修养中，成为南宋儒学的一个重要方面。

15. 闽学派

朱熹因在福建讲学，弟子中多为福建人，所以形成了闽学派。朱熹自号“紫阳”，后来学者称朱熹为“紫阳夫子”，闽学派也因此又称“紫阳学派”。

朱熹在宋明理学家中最重视知识训练，并把知识的培养与道德的修炼结合起来，这些思想为明中叶以后中国自然科学的发展提供了精神资源。朱熹总结了北宋以来理学的成就，在闽学思想体系中，不仅熔铸了传统的儒家思想，而且还吸取了释、道思辨哲学的营养，更定于理论思维色彩。

闽学思想在宋元之际传播到朝鲜、日本等国，17 世纪欧洲人开始注意朱子之学，18 世纪初有人翻译了朱熹的某些作品。可见，闽学的研究已超越了国界，成为有世界影响力的哲学派别。

16. 象山学派

象山学派，又称“陆学”、“心学”等，是由南宋陆九渊创建的一个理学学派。

（1）学派的创立

南宋中期，当朱熹的闽学蔚为大观之时，其他学派也在迅速形成之中，其中重要的就是由陆九渊开创的心学一派。“程朱理学”虽然把封建伦理原则提升到宇宙本体和普遍规律的高度，使孔孟的古典儒学获得了强有力的本体论基础，但在道德实践上，其学说更多地是把封建伦理原则作为一种外在的权威，忽视了人作为道德实践主体的主观能动性，于是就有了陆九渊心学的崛起并与之抗衡。由于陆九渊曾长期讲学于贵溪象山（今江西贵溪县），世称其为“象山先生”，其学派人们一般称之为“象山学派”。

（2）学派的思想主张

陆九渊之学初步建立起了宋明理学中的心本论哲学体系。陆九渊十分强调人“心”的统帅作用，他认为儒家经典不过是对“良心”运用的各种例证所做的叙述。按照他的观点，为学目的只是实现道德的境界，而经典的学习并不能直接有助于达到这一目的。陆九渊并不完全反对读书，只是强调“发明本心”，而经典研究不能必然增进人的道德。

陆九渊不著书，基本上是通过讲学的方式影响他的学生。由于陆九渊善于演讲，吸引了不少学生。陆九渊的及门弟子大体上集中于两地，一是江西，一是浙东。江西弟子著力于构筑学派门户，浙东弟子着力于陆九渊思想学说的阐发。

南宋中期以后，陆学的势力和影响不能与朱学相提并论。一直到明中叶，在王守仁的大力倡导之下，心学才重新获得了发展，并在晚明的思想界和学术界有压倒朱学之势。

17. 湖湘学派

湖湘学派形成于南宋。当时著名学者胡安国与儿子胡寅、胡宏等，因不满南宋朝廷的黑暗政治和投降政策，由福建迁往湖南衡山附近定居，潜心研究理学并授徒讲学，创建碧泉书院、文定书堂，积极从事传播理学的工作，开创了湖湘学派。湖湘学派的主要作品有《春秋传》、《知言》。

（1）学派的发展历程

南宋乾道、淳熙年间，是湖湘学派最为鼎盛的时期，代表人物是张栻。张栻曾师从胡宏于文定书堂，他不仅继承了胡宏之学，而且还吸收周敦颐、二程、张载等前辈学者的学术思想，并与朱熹、吕祖谦等学者进行学术交流，扩大了湖湘学派在全国的影响力。一时间，大批游学的士子前来研习理学。

（2）学派的思想特色

湖湘学派的政治思想和学术思想各具特色。在政治方面，湖湘学者具有强烈的爱国主义思想，坚决主张抗金，收复中原。鉴于民族矛盾的异常尖锐，湖湘学者提出“民为邦本，本固邦宁”的重民主张。在学术方面，湖湘学者以性为本体的理学思想和重践履的经世务实学风是湖湘学派的主要特征。

南宋淳熙七年（1180 年），张栻去世后，湖湘学派出现了分化，大部分学者转投其他名师，因此湖湘学派作为独立的地域性学派已不复存在。直到清朝，才又开始重焕生机。

18. 泰州学派

泰州学派，是明朝中后期思想学术领域出现的一个儒家学派，因该学派的创始人王艮为江苏泰州安丰场（今江苏东台县）人，故得此名。

（1）学派的形成

王艮曾师从王阳明，接受其学说，但他注重“自得”之风。王阳明病逝后，他在故乡安丰场讲学，开门授徒，创立了泰州学派。

泰州学派的人员比较复杂，有上层社会的官员，也有不少来自下层的百姓。他们对泰州学派的形成都起到不小的作用。

（2）学派的思想特点

从哲学思想的核心来看，泰州学派属于王阳明的心学体系，但它并没有严格遵循王阳明的学说，而是有自己的独特见解，特别是由王艮倡导的“百姓日用之道”和“安身立本”的“淮南格物”说，成为泰州学派的主要学术思想。所谓“百姓日用之道”，就是把儒学与百姓日常生活等同起来。从“安身立本”的理论出发，王艮强调维护人的尊严，维护和满足人的自然本能。在人性论方面，泰州学派认为人心本体就是自然，自然就是快乐。正是从这种人心本体自然出发，泰州学派反对“无欲”，承认人们物质欲望的合理性。

以王艮为代表的泰州学派的这些思想，在当时产生了很大的影响。

19. 东林学派

东林学派，亦称“东林党人”，是中国明朝末年思想学术领域出现的一个以讲学与议政相结合的儒家流派。因该学派的创始人顾宪成、高攀龙等学者在地处江苏无锡城东隅的东林书院讲学、读书而得名。

（1）学派的产生背景

明朝末年，在阉党把持下的朝政日益腐败，官府横征暴敛，社会危机四伏，激起了农民的反抗和斗争。为了缓和矛盾，儒家的有识之士指责朝政腐败，要求改革。

万历二十二年（1594 年），敢于直谏的吏部郎中顾宪成因抨击朝政而与明神宗朱翊钧意见相左，被革职，回到家乡江苏无锡，与弟弟顾允成于万历三十二年（1604 年）重修地处无锡城东的东林书院，把读书、讲学与国事紧密相联。东林书院这种与议政相结合的讲学、读书活动，得到了社会上对现实不满的地主、官僚、知识分子和商人的拥护，也得到朝廷中一些正直官员的支持，东林书院因此成为当时社会舆论的导向。作为一个学术团体的东林学派，于是逐渐扩大成为一个政治派别，被当权者斥为“东林党”。

（2）学派的政治主张

东林学派以国家兴亡为重，他们的政治主张主要是通过个人活动来表现。他们抨击和反对大宦官、大官僚的专权乱政，主张革新朝政；抨击科举弊端，提倡不分等级贵贱，破格录用人才，以革新吏制；反对横征暴敛，主张实行“惠商”政策，简化征税手续。

东林学派反对宦官的正义行动和主张得到了人民的拥护，却遭到以魏忠贤为代表的“阉党”势力的残酷镇压。

（3）学派的学术观点

东林学派在讽议朝政、裁量人物的同时还从事学术研究。万历年间，王阳明学说中的空谈心性的弊端越来越明显，王门后学利用王阳明的“无善无恶是心之体”的理论，提倡“三教合一”，汲取释家思想。他们既反对王阳明的“格物”即“格心”的观点，也不同意朱熹把“至善”作为封建道德的根本原则，主张天下之理没有内外大小之分，强调“一草一木”也有理可循。而东林学者敢于突破理学束缚而崇尚“有用之学”，正是其有别于宋明理学的重要学术特征。

（4）学派的研究方法

东林学派十分重视学术研究的方法，提倡讲、习结合，常常是志同道合的朋友聚在一起探讨学习心得，将学术交流与社会现实政治结合在一起。他们的会约还伴有一定的仪式，据《东林书院志》所载仪式共有 11 条之多。这种方法后来为顾炎武、黄宗羲、方以智等清初学者所仿效，并发展成为言必证实、言必切理，重实践重实证的一代学术新风。

20. 浙东学派

浙东学派，指清初以黄宗羲、万斯大、万斯同、全祖望等为代表研究经学兼史学的儒家学派，因这些代表人物籍贯均系浙江东部而得名。

（1）学派的渊源

清初浙江地区的学术以钱塘江为界，由浙东和浙西两部分组成。杭嘉湖地区是浙西学者的主要活动地区，如桐乡张履祥、吕留良、平湖陆陇其、嘉兴朱彝尊等都是著名学者。浙东学术主要以余姚、绍兴、萧山等县为中心，如黄宗羲、朱之瑜、邵廷采、全祖望、毛奇龄等著名学者。浙东、浙西学派同出明末刘宗周，以经世为目的。章学诚把这两种学术取向归纳为“浙西尚博雅，浙东贵专家”。

（2）学派的经学成就

浙东学派有着悠久的历史，南宋时的“永嘉学派”、“金华学派”，便是清朝浙东学派的先驱。浙东学者是在研究经学的基础上，注重研究史料和以通经致用为治学宗旨的。

浙东学派的经学研究由黄宗羲开端。黄宗羲强调经学研究的必要，对宋儒将“河图”、“洛书”、“先天”、“太极”等引入《易》学研究领域造成晦而不明的现象进行了批评。他开启了毛奇龄等人从哲学和考证方面的《易》学研究，对乾嘉考据学的兴起，也极具启蒙意义。

浙东学者中，专以经学见称的是万斯大。万斯大师从黄宗羲，他致力于经文本义的研究，这对冲破宋儒“传注之重围”，还儒经本来面目，具有积极的意义。

（3）学派的史学成就

浙东学者在研究经学的同时，对史学也进行了深入的研究，并取得了突出的成就。梁启超认为清朝史学开拓于黄宗羲、万斯司、全祖望、章学诚等人，并自成系统，堪称清朝史学界的楷模。

第一，对明朝历史的研究。黄宗羲撰有《弘光实录》、《行朝录》，选编卷帙浩繁的《明史案》、《明文案》及增益《明文案》而成的《明文海》。前一部分书籍在当时属现代史，很多史实是他的亲身经历所载，具有很高的历史价值，后一部分书籍是他为编修明朝通史所选的有关资料。万斯同独立完成的《明史稿》500卷，被誉为“（司马）迁、（班）固以后一人而已”。其又仿照《资治通鉴》作《明通鉴》，对明清之交的历史做了详尽的描述。除此之外，浙东学者对地方志的编纂和研究也做出了重大贡献。

第二，对学术史的研究。黄宗羲的《明儒学案》揭示了明朝二百余年学术思想发展的脉络，条分缕析，浑然一体。万斯同的《儒林宗派》16卷，以图表的形式列出“纪孔子以下迄于明末诸儒”，所载人物之多实属空前，时间跨度为万斯同之前的整个中国封建时代，这种对中国学术思想的大规模整理，尚属首创。

第三，对史学理论的研究。浙东学者对史学理论的研究最为引人注目，如黄宗羲认为历史研究必须经世致用，万斯同强调“生之谓变”，全祖望主张“旁罗博综”和“推原其故”。而章学诚的《文史通义》提出的“六经皆史”，将中国古代史学理论的研究，再次推向高峰。

21. 颜李学派

颜李学派是清朝初期思想领域颇具影响力的一个儒家流派，因该派的创始人为清初著名学者颜元与李塨，故得名。颜李学派的主要思想大致有以下几个方面：

（1）崇尚实学

颜元以“实文、实行、实体、实用”为学术宗旨，力斥宋儒静坐读书、存心养性之学。其中，颜元特别强调学习“六艺”以及

“兵农钱谷，水火工虞”等生产、军事方面的知识和技能的重要性，表明了他的“实学”是以“实用”为宗旨的。李塨继承了颜元的这一思想，批评宋明儒者专为“无用”之学，认为学术研究的目的是有益于世道，倡导亲身习行践履。

（2）盛赞“性善论”

颜元认为，天下没有“无理之气”，也没有“无气之理”，气即理之气，理即气之理。他认为只有气质之性，才是人性。他赞同孟子确定人性本善，指出人的恶行是由后天的“引蔽习染”而导致的结果，并提出性、情、才三者相统一的人性论。

（3）力主复古

颜元主张恢复井田、封建、学校的“王道”政治，提出以“垦荒，均田，兴水利”富天下，以“人皆兵，官皆将”强天下，以“举人材，正大经，兴礼乐”安天下。在颜元看来，儒学要重“六德”、“六行”、“六艺”之道的精神，不能远离经世致用的“真儒学”。李塨认为只要“以天下之农，分天下之田”，就能使“四方上下之食皆足”，同时强调“考古证今”。

22. 考据学派

雍正朝大兴文字狱，清朝的知识分子不得不钻进故纸堆，大兴考据之学。清政府用编修《四库全书》的方式，笼络天下知识分子，考版本、纠错谬、辩音义，终使考据之学大盛。

这一学派主要代表人物戴震主张用考据的方法，恢复“四书五经”的原始含义，进而阐明儒家文化。考据学派持慎重求证的治学态度，反对空泛而粗放的论证方法。如果说，儒家学说从宏观上看是一个演绎系统，考据学派则把儒家文化体系在微观上进一步演绎化、逻辑化。显然，这种重证据、实事求是的学术精神和方法，是考据学派能够通向现代科学，特别是数学的桥梁。

23. 吴派

吴派是清朝乾嘉之际率先以古文经学形式进行儒学研究的地域性学派，因其代表人物惠栋为苏州吴县人而得名。

吴派主要成员都来自隶属清朝苏州府籍的学者，然而作为著名学术流派，其空间涵盖面相当宽泛，大量著名学者分别隶属常州、太仓等地。因此，所谓吴派实际上是指清朝乾嘉之际以苏州地区为核心的由江南学者组成的儒学研究群体。

（1）学派的研究方法

吴派对汉儒的尊信和固守，导致它研究经学必然从古文字入手，重视声音训诂，以求经书意义的治学方法。训诂本是汉代经学家治经的基础工作，汉代对经典的诠释主要包括文字解释和思想发挥两种。然而吴派学者虽明言以训诂通大义，但事实上将大义视为训诂，由训诂替代大义，这显然违背了汉儒治经的基本精神。

当然，训诂作为整理和研究经籍的方法，消除长期以来附加在经书上的种种误解和歪曲，无疑是有积极意义的，其中也包含着一些科学的治学方法和态度。

（2）学派的学术特征

吴派的儒学研究，主要表现在以下几个方面：

第一，对易学的研究。吴派开创者惠栋一生致力于汉代《易》学的研究，著有《周易述》、《易汉学》、《易例》等。惠栋的《周易述》发挥汉《易》而自注自疏，为后来的江藩、李林松所继承。

第二，对《尚书》的研究。吴派学者的《尚书》研究，始于惠栋《古文尚书考》。其后各位弟子纷纷发挥所长，著书立说，出版了众多有关《尚书》的著作，展示了吴派的学术风貌。

第三，治学兼及考史。吴派学者虽偏重于古经汉疏的研究，但也深研史学。吴派中以考史著称的是王鸣盛和钱大昕。他们不仅精于考证舆地职官、典章制度，而且批评宋明理学家臆测历史，对史事大加褒贬的空疏学风，体现了吴派学者对历史真实性的追求，更多的是由经验性的总结转向理性探求。

24. 皖派

皖派是清朝乾嘉之际与吴派并称、以古文经学形式进行儒学研究的地域性学派，因其主要代表人物戴震为安徽休宁人而得名。

皖派的主要成员都来自徽州府籍的学者，但其空间涵盖面也涉及到江苏金坛、扬州等地，因此皖派实际上是以安徽徽州地区作为核心，由戴震弟子为骨干的儒学研究群体。

（1）学派的来源

皖派开创于戴震，不过，皖派的真正渊源是出生于徽州婺源的江永。江永少年时因受明朝丘浚《大学衍义补》一书的启迪，致力于《礼》经研究，一时间戴震、郑牧、汪肇隆等学者结集在他的周围。

（2）学派的学术成就

在学术渊源上，皖派的儒学研究更多的是承接吴派的学术宗旨。皖派以研究汉经为宗旨，在强调汉代经学的家法师法的同时，并不一味尊信。皖派不同于吴派，他们对语言文字的研究主要集中在古韵方面。皖派学者对汉儒训诂学的执著，同样体现在对宋明理学的批判上。他们重新研究经注，将程朱附会于经的注解一一加以破除，恢复儒家学说的基本精神。

吴派对儒学的研究主要集中在三方面：研究语言文字；对名物、制度、古文献的校勘、考证以及对经书中的有关制度进行研究；通过发掘、整理和复原数学名著，对中国传统数学进行了重点研究。

（3）学派的研究方法

吴派在进行学术考辩时，不囿于经传注疏，多能旁搜广征；为了方便理解寻找，常常绘以图画、表格，作为研究经书名物制度极有价值的参考书。皖派学者与吴派学者一样在研究中重视经籍的注释工作，却更多地阐发个人的思想。戴震强调读经，强调语言文字的考证训访，强调领会经言的本义，把握古代圣贤的心志。

25. 扬州学派

扬州学派是清朝乾嘉之际继吴、皖两派之后从事儒学研究的又一个地域性学派，因其学派主要成员都是扬州人而得名。而就扬州学派的学术宗旨和治学风格而论，它是由吴、皖两派分化演进出来的，扬州学派的很多著名学者都师从过皖派和吴派的儒者。如主要代表王念孙，少时师从皖派戴震学习经义，接受文字、音韵、训诂的训练，树立了治“许郑之学”，考文字、辨音声的志向等。

扬州学者研究儒学的成就在于继承吴、皖两派的基础上，又进一步向前发展，由专、精，进而发展为会通，并克服了吴、皖两派的瓶颈和偏颇，达到创新和通大，具体体现在：第一，继承和发展了吴皖两派研究传统。扬州学者的经学研究遵循从古文字人手，重视声音训诂，以求经书意义的原则。第二，反对墨守，主张会通。扬州学者主张在字词考证的基础上，贯通全经，寻其大义，同时参核百家之说，互相印证，不仅在文字名物等局部和细节方面，而且在总体上把握了古人精神实质和宗旨要领。

扬州学者还使经学研究不再囿于儒经，而将内容扩展到先秦诸子。汪中研究荀子、墨子和贾谊，先后校勘考释了《老子》、《墨子》、《荀子》、《贾谊》、《吕氏春秋》。汪中对荀子的评价很高，认为荀子才是孔子学说的真正继承人。又如王念孙的《读书杂志》，广泛地校勘了《管子》、《晏子春秋》、《墨子》、《荀子》、《淮南子》等此类著作，首开子书研究之先河。后来孙诒让的《墨子间诂》、俞越的《诸子评议》，多受汪中、王念孙研究子学的启迪。

除此之外，扬州学者还非常重视对传统数学的研究。早在13世纪末，朱世杰、孙兰等人就很重视数学。乾嘉时期，扬州学派中会通中西数学人才辈出。焦循和焦廷琥父子、阮元、李惇、黄承吉都精于中西数学。扬州学者的数学研究领域由算术、几何、三角到数学史、微积分等方面，其中焦循的《加减乘除释》对算术运算理论作了开创性的研究，又如阮元组织编纂的《畴人传》46卷，成为我国历史上第一部科学技术方面的专著。《畴人传》的编纂突破了儒家只重经典轻视科技的思想意识，这在乾嘉之际汉学研究者重视科学，以此研经，具有不同凡响的意义。

26. 常州学派

常州学派是在清朝乾嘉年间出现的，以庄存与、庄述祖、庄绶甲、刘逢禄为代表，研究《春秋公羊传》的今文经学派。由于他们都是常州府人，故得名。

（1）学派的人员组成

常州学派有一个明显的特征，就是其成员多为近亲。庄存与、庄述祖、刘逢禄、庄绶甲等，他们之间有亲戚关系，是血缘的纽带联结起来的。

常州学派虽由常州人庄存与为先导，刘逢禄奠基，但它与吴派、皖派一样，其涵盖面并不局限于常州府。

（2）学派的性质

清朝今文经学的复兴，就时间而言始于乾嘉，盛于道光年间；就性质而言，是对当时经学研究尊东汉古文经、重视训诂名物、以字解经学风的反拨。就清朝学术发展流变来看，常州学者的研究，虽与吴派、皖派乃至稍后的扬州学派在治学上迥异其趣，但其研究汉代今文经学，仍属于儒学的一部分。

（3）学派的研究风格

常州学派的研究风格，有别于拘泥于古文经学的吴派和皖派，而呈现出自己的特色。

第一，重在“剖析疑义”。他们敢于越出古文经学，提出自己的质疑，积极推动儒学的深层思考。

第二，不拘门户，兼采汉、宋儒学。清朝今文经学起于古文经学之后，它不可避免地要受到考据学风的影响。庄存与对古文《周礼》、《毛诗》作“说”，孔广森受业于皖派大师戴震、陈立作《公羊义疏》。他们的著作中更多的是援据各种经、传，同汉、宋儒学有着千丝万缕的联系。

常州学派的上述治学特征，亦为近代今文经学研究者所继承。

第 三 章

儒家的代表人物

先义而后利者荣，先利而后义者辱。

——《荀子·荣辱》

1. 颜回

颜回（前521—前481年），名回，字子渊，一作颜渊，春秋末期鲁国人，后世也有称“颜叔”、“颜生”等，是孔子的学生。

（1）人物生平

颜回之父颜无繇（字路），为孔子最早的弟子之一。颜回的生年，据推算当在鲁昭公二十一年（前521年）。颜回早亡，其卒年有多种说法，有18岁、29岁、35岁、41岁等说。据众多史料判定，应为41岁。

颜回家境贫困，居陋巷，箪食瓢饮，但好学不倦，终身追随孔子而不仕。孔子对颜回有很高的评价，把他许为自己“德行”科最优秀的学生，把颜回视为自己唯一的同道，说：“用之则行，舍之则藏，惟我与尔有是夫！”意思是说：有能任用我的，我就把治国平天下的大道推行于世；不能任用我时，就将这些治国平天下的大道，藏之于身。只有我与你能做到这样啊！可见孔子对颜回评价之高。孔子对颜回的早逝十分惋惜，曾为之恸哭不已。孔子认为颜回始终在进步而没有停止过，他的死真是太可惜了。孔子晚年，鲁哀公、季康子曾问他弟子中谁最好学，孔子对曰："有颜回者好学，不迁怒，不贰过。不幸短命死矣，今也则亡，未闻好学者也。"足见其对颜回的看重。

(2) 儒学思想

颜回一生致力于讲学授徒，传授儒家六经，而且还通过协助孔子整理古代典籍，逐渐扩大了自己的影响。

第一，重于立德。颜回的不朽，在于其重立德。颜回之德的核心是"仁"，他把孔子的"仁"，落实于个人的行动中，而不是停留在口头上。颜回以其高尚的道德人格影响社会，启迪后世。

第二，天人合一思想。颜回的言行体现了他善于领略天地造化的力量，尊重客观规律，顺应自然，但又重视人的能动性，守道而不移其志，使自我行动符合客观规律。

第三，辩证思维的萌芽。据说颜回非常聪明，深晓推理之术。他主张为人要谨慎，克己，多检点注意自己的行为。他认为事物发展到极限会走向反面，这是辩证法的观点之一。

2. 子夏

子夏（前507—？年），姓卜，名商，字子夏，后亦称"卜子夏"、"卜先生"，春秋末晋国温人（另有魏人、卫人说），孔子的著名弟子，"孔门十哲"之一。

(1) 人物生平

子夏是孔子后期最喜欢的弟子，他才思敏捷，以文学著称，被孔子赞为其"文学"科最优秀的高才生。子夏为学时，因常有独到见解而得到孔子的赞许。子夏才气过人，《论语》中保留了他的许多著名的言论。孔子去世后，子夏至魏国西河讲学，还做过崇尚儒学的魏文侯的老师。子夏晚年，因丧子之哭而失明，过着离群索居的生活。

（2）儒学贡献

子夏在孔门中占有重要的地位，对于儒学的创立和发展，都做出了巨大的贡献。

汉代以来，很多学者认为，儒家的经学最初主要是从子夏一系传授下来的，在孔门弟子中，子夏是为数不多的几个对六经皆有修养的弟子之一。我们在文献中不难发现子夏对“六经”的掌握和运用。如：对于《诗》，子夏不仅能准确领悟到诗句的深意，且能举一反三；关于《乐》的运用，《史记·乐书》载魏文候问乐于子夏，子夏不仅解释了古乐与今乐的不同，且对乐的功能进行了进一步的解释。子夏对“六经”的掌握和运用，为其西河之学的形成创造了有利条件。加之子夏极具个性的思想，为西河之学后来的多方面发展提供了不可缺少的前提条件，也使子夏传播儒学有了可能。

孔子周游列国，推行其学说主张，未能受到各国君王的重视，儒学只是当时流行的诸种学说中的一种。而子夏设教西河，广泛授徒，加之其弟子魏文候以国力推行儒学，使儒学得到了很大的发展，可知子夏对儒学的传播起了很大的作用。

（3）儒学思想

子夏的思想颇具特色，主要如下：

第一，注重务外。子夏认为，外界可观之处，便是值得学习借鉴的地方。从外在世界学习，即使在一些小的技艺中也可学到知识，体现了子夏重视从外在世界探求学习的“务外”思想。

第二，学以致用。子夏认为获得知识的目的是要运用，用知识来指导实践。“学而优则仕”便反映了其“学以致用”的思想。通过“仕”找到一个发挥所学的平台，用学到的知识去指导实践，而并不是把“学”当作“仕”的敲门砖。

第三，儒法兼容。子夏的儒家思想中也兼容了法家的思想，比如他重视“功利”，对“势”和“信”都有深刻的理解，这些都是法家的重要概念。

综上所述，子夏对儒家的创立、早期儒学的传播以及儒学经典的传授起到了不可磨灭的贡献。特殊的文化环境造就了子夏独具特色的思想，使他成为早期儒学“务外”派的重要代表之一。

3. 子贡

子贡（前520—前456年），原名端木赐，字子贡，是孔门“七十二贤”之一，是孔子的得意门生。孔子曾称其为“瑚琏之器”。他利口巧辞，善于雄辩，且有干济才，办事通达，曾任鲁、卫两国之相。他还善于经商之道，曾经商于曹、鲁两国之间，为孔子弟子中的首富。

（1）儒学贡献

在儒学的传播上，子贡做出了了不起的贡献。司马迁作为有远见卓识的史学家，他在《史记》中甚至认为孔子的名声之所以能布满天下，儒学之所以能成为当时的显学，在很大程度上是因为子贡推动的缘故。子贡当年“常相鲁、卫”，出使列国，各国待之以上宾，其地位显赫一时。而且他又有一副伶牙利齿，每到一处，在完成使命之后，都要附带宣讲孔子的一套理论和主张，这在客观上就宣传了孔子思想。

（2）学知结合

子贡学习成绩优异，文化修养丰厚，政治、外交才能卓越。在孔门弟子中，子贡是把学和行结合得最好的一位。

子贡在说话技巧、演讲技能上有独到之处。据《左传》等史书记载，在孔子那个时代，外交礼宾人员的语言训练主要取之于《诗》，这已成为当时的一种习惯和风尚。在《诗》的学习中，孔子不仅要求学子们搞通弄懂《诗》的本来意义，而且要求他们能对《诗》“活学活用”，在外交礼宾场合能顺手拈来以达己意，而这若没有相当的灵活性和敏锐性是难以做到的。在孔子的门徒中，子贡很好地做到了这一点。他高超的演说技能和外交能力也在此次外交活动中发挥得淋漓尽致。

（3）商业头脑

子贡不仅在学业、政绩方面有突出的成就，而且他在理财经商上还有着卓越的天赋。据史料记载，子贡依据市场行情的变化，贱买贵卖，从中获利，以成巨富。

尽管子贡有着多方面的建树与成就，但他在孔子面前却表现得非常谦卑。在孔子遇到危难、险恶时，子贡总能挺身而出，显其大智大勇。他的影响、作用之大，是孔门弟子中无人所能企及的。

4. 曾子

曾子（前505—前436年），姓曾，名参，字子舆，春秋末年鲁国南武城（有山东平邑县和山东嘉祥县两说）人，是黄帝的后代，也是夏禹王的后代，是鄫国太子巫的第五代孙。

（1）人物生平

曾子生于东鲁，移居武城，16岁拜孔子为师，他勤奋好学，颇得孔子真传。

曾子性情沉静，举止稳重，为人谨慎，待人谦恭，以孝著称。齐国欲聘之为卿，他因在家孝敬父母，辞而不就。

（2）儒学思想

曾子积极推行儒家主张，传播儒家思想。孔子的孙子孔伋（字子思）师从曾子，其门人又传予孟子。因此，曾子对孔子的儒学思想既有继承，又有发展和建树。他曾提出“慎终（慎重地办理父母的丧事），追远（虔诚地追念祖先），民德归厚（要注重人民的道德修养）”的主张，又提出“吾日三省吾身”的修养方法。他的修齐治平的政治观，省身、慎独的修养观，以孝为本、孝道为先的孝道观影响了中国2000多年。

他著述有《大学》、《孝经》等儒家经典，后世儒家尊他为“宗圣”。

5. 子思

子思（前483—前402年）姓孔，名伋，战国初期鲁国人，儒家的主要代表之一。

子思是孔子的嫡孙，他的生平事迹已难详考，据说他曾师事曾子。汉唐儒者郑玄、孔颖达等认为《小戴礼记》中之《中庸》即为子思所作，宋儒基本都肯定这一说法，程朱一派对之尤为尊崇。但近世学者对《中庸》是子思所作的传统说法有疑问。

但《子思》确为子思及门徒所作。《子思》一书自秦代以来已遗失了，但《子思》中的著作散见于各古籍中。子思的思想有形而上学的若干特色，但也有辩证的思维。它从本体论上阐明了性道一体的普遍性，把中庸之道在更深的层次上归结为中和之道，强调至诚之道及主客统一性。

6. 孟子

孟子（约前372—前289年），名轲，字子舆或子居，战国中期邹（今山东邹县）人，先秦著名思想家。

（1）人物生平

孟子远祖是鲁国贵族孟孙氏，后家道衰微，从鲁国迁居邹国。据说，孟子三岁丧父，孟母艰辛地将他抚养成人，孟母管束甚严，其“迁地教子”、“三断机杼”等故事，成为千古美谈。

关于孟子的师承，他曾自云：“予未得为孔子徒也，予私淑诸人也。”但司马迁在《史记·孟子荀卿列传》中则谓其“受业于子思之门人”。

孟子一生推崇、学习孔子。他曾周游列国，推销他的“王道”和“仁政”思想，历时约20年，并一度成为齐宣王客卿，但当时各诸侯正忙于合纵连横的兼并战争，没有人愿意采纳他的建议。于是孟子退而教学著书，并在教学活动中得到很大的慰藉。

孟子是儒家最主要的代表人物之一，他的思想内容，主要集中在《孟子》一书中，一般认为该书由孟子自著，弟子万章、公孙丑等参与编写。

(2) 儒家思想

孟子的思想学说对后世有很大影响，尤其对宋明理学影响更甚，宋代以后常把孔子思想与孟子思想并称为“孔孟之道”。

第一，性善论。孟子认为，人具有一种先验的善性，而人性之所以是善的，是因为人生来就具有“善端”，这种“善端”不是超功利的。

第二，“仁政”思想。孟子从其性善论出发，提出了他的“仁政”、“王道”政治学说。同时，孟子又提出了“制民之产”的思想，即主张以“恒产”来求得老百姓之“恒心”。在孟子的“仁政”思想中，突出了“民”的地位，提出“民为贵，社稷次之，君为轻”。此外，在孟子政治学说中还有“王道”与“霸道”之辨、义利之辨等等。

第三，理想人格。孟子学说还有不少关于理想人格的思想，如“人皆可以为尧舜”；“富贵不能淫，贫贱不能移，威武不能屈，此之谓大丈夫”等等，如此种种，都是激励人心、传颂千古的名言。

北宋神宗熙宁四年（1071 年），《孟子》一书首次被列入科举考试科目之中。此后《孟子》一书升格为儒家经典，南宋朱熹又把《孟子》与《论语》、《大学》、《中庸》合为“四书”，其实际地位更在“五经”之上。

7. 荀子

荀子（约前 325—前 238 年），名况，尊号“卿”，故又称荀卿，战国末期赵国（今山西南部）人。

荀子早年游学于齐，因学问博大，曾三次担任齐国稷下学宫的祭酒（学宫之长）。约公元前264年，应秦昭王聘，西游入秦。后来荀子受楚春申君招用，为兰陵（今山东苍水县兰陵镇）令。晚年从事教学和著述。

荀子博学深思，其思想学说以儒家为本，兼采道、法、名、墨诸家之长。他以孔子、仲弓的继承者自居，维护儒家的传统，痛斥子张氏、子夏氏、子游氏之儒为“贱儒”，对子思、孟子一派批评甚烈。其对孔子思想有所损益，政治思想中突出强调了孔子的“礼学”，颇有向法家转变的趋势，后期法家代表人物韩非子、李斯都出于荀子门下，并非完全偶然。

由于荀子处在战国末期的时代，诸子各派的思想学说均已出现，这使得他不仅能采纳诸子思想，又可以进行批判和比较，所以荀子的思想非常丰富，其思想散见于《荀子》一书中。

（1）天道观

荀子认为，“天”就是客观存在的自然界，自然界具有不以人的意志为转移的规律性。从承认自然界的客观性、规律性出发，荀子提出了“天人相分”的观点。在主张尊重自然规律的基础上，荀子又进一步提出了发挥人的主观能动性，控制、征服自然的思想。荀子的这一系列富于唯物论性质的思想，在先秦诸子关于天道观的争辩中，独树一帜，具有很高的理论价值。

（2）认识论

荀子认为世界是可知的，它通过人的形体机能而进行。认识的过程是通过“天官”（感官）接触外界事物，再由“天君”（思维器官）进行理性的加工（“征知”），即主客体相结合。“心”（思维）是认识的重要阶段。他认为，认识的片面性和主观性是一大“蔽”，如果做到了“虚一而静”，也就可以达到“大清明”。

在“知”与“行”的关系上，荀子以为“行”高于“知”。在“名”与“实”的关系上，荀子强调“实”是“名”的客观基础，提出了“制名以指实”的观点。

（3）人性论

在人性论方面，荀子提出了与孟子“性善论”截然相反的“性恶论”观点。他认为，人性是与生俱来的、质朴的一种自然属性，表现为“铠而欲饱，寒而欲暖，劳而欲休”，所以人性就是“生而有好利焉”，“生而有疾恶焉”，“生而有耳目之欲、有好声色焉”。而人性的“善”则是后天人为（即“伪”）的，是后天环境和教化学习的结果。先天赋予的“性”和后天学事的“伪”是一对矛盾，要解决矛盾就要通过学、事而改变“性”。

荀子的性恶论与孟子的性善论虽有极大区别，但就通过教育感化民众这一目的而言，他们又是一致的。

（4）礼论

“礼”的思想是荀子社会政治思想的核心观念。荀子提出，“礼”是“先王”为了调节人们的欲望、避免战乱而制定出来的“度量分界”。“礼”的内容虽包含多种，但实质不外乎“养”和“制”。荀子强调，“礼”是衡量一切的最高标准和治国的根本，同时也是至高无上、永恒存在的最高原则。

（5）教育观

荀子重视教育和学习的功能，这实际是他“天人相分”天道观及“化性起伪”人性论的逻辑延伸。他认为，学习对人是至关重要的，教育决定了人后天的成长，。他指出，知识和德性修养是通过积累而成的，学无止境、后来者居上。

荀子是先秦非常重要的儒学家，在中国封建社会前期，其地位比较高，但自宋代以后，理学家往往抬高孟子而贬抑荀子，将他从儒家“道统”中排除出来。但荀子的思想学说还是具有颇为深广的影响，如张衡、王充、柳宗元、王夫之、戴震以及近代的资产阶级革命民主派，都不同程度地受到他的影响。

8. 贾谊

贾谊（前200—前168年），洛阳（今河南洛阳东北）人，西汉初期儒家学者，政论家、文学家。人称贾生、贾子、贾长沙。

（1）人物生平

贾谊出生在汉高帝七年（前200年），这个时代正是西汉政权刚刚建立的年代，既给贾谊带来了施展才华的机遇，也给他的人生带来了坎坷和痛苦。

贾谊的童年和少年时期生活环境和平稳定，以读书习文为主。18岁时，他便以通诸子百家言、善属文而闻名于郡中，为李斯的学生河南守吴公所器重。后在吴公的推荐下，被汉文帝召为博士。当时贾谊才20岁出头，其才华出众，很快超迁为太中大夫。后因遭人妒嫉和反对，被贬为长沙王太傅，后为梁怀王太傅。梁怀王因坠马而亡，自伤失职，抑郁而死。

（2）儒学贡献

贾谊曾著《过秦论》，总结秦朝灭亡的教训，认为强秦之所以速败，是因为"仁义不施，而攻守之势异也"；又曾上疏，提出"众建诸侯而少其力"的策略，以削弱地方诸侯的势力。

贾谊的著作有《新书》56篇，其思想兼采儒、法，主张仁义与法治并用，而归结于儒家的六经和德政，提出政以民为本的思想。

除此之外，贾谊的进步政治主张，不仅在文帝一朝起了作用，更重要的是对西汉王朝的长治久安起了重要作用。

9. 董仲舒

董仲舒，西汉广川（今河北枣强县广川镇）人，约生于汉文帝前元元年（前179年），约卒于汉武帝太初元年（前104年）。西汉著名儒家学者，哲学家、经学家。

（1）人物生平

董仲舒少年时期便潜心研究《春秋》，其师承不明。汉景帝时立其为博士。汉武帝即位后，董仲舒的建议为汉武帝所采纳，以后在公孙弘等人的推动下逐步得到实施。他的仕途并不顺利，先是因为上书讲“阴阳灾变”而触怒了汉武帝，险遭杀身之祸；而后又遭到公孙弘的排挤，后侍刘端。刘端对董仲舒虽尚能礼敬，但董仲舒恐日久获罪，于是就称病辞职，不再为官。此后董仲舒居家不问家业，以修学著书终老，被当时人誉为“群儒首”、“儒者宗”和“王佐之材”。

（2）儒学思想

董仲舒的思想学说，在中国思想文化史上具有重要影响。其哲学思想主要集中在其著作《春秋繁露》一书中。

第一，神学目的论。他认为天是有知觉、有意志的，是宇宙万物的主宰，是至高无上的神。《春秋繁露》把自然现象和社会现象进行神秘化的比附，认为天按照自己的形体制造了人，人是天的副本，人类的一切都是天的复制品，这就是“天人合一”的思想。“天子”是代替天在人间实行统治的，君主之权是天所授予的，并按天的意志来统治人民，这就是神化君权的“君权神授”思想。

第二，“天人感应”说。董仲舒大力宣扬“天人感应”说，认为“天”不但为人世安排了正常秩序，还密切注视人间的活动，监督正常秩序的实现。如果人间违背了封建道德即“天”的意志，君主有了过失而不省悟，“天”便会降下灾难来警告。反之，如果君主治理天下太平，“天”就会出现福瑞。可见，封建统治者与天是相通、相感应的。如果能按照“天”的意志行事，维持正常的统治秩序，就可长治久安。

第三，性三品的人性论。根据“天人感应”的神学目的论，董仲舒提出了先验主义的人性论、性三品说。董仲舒把人性分为三个品级：圣人之性，中民之性，斗筲之性。这三个品级的人性，都是天所赋予的。这一论述是对孔子人性论的发展。

第四，“天不变道亦不变”的形而上学思想。董仲舒还全面论证了“天不变道亦不变”的形而上学思想。所谓“道”，是根据天意建立起来的统治制度和方法，《春秋繁露》用形而上学的观点加以分析判断，认为这个道是永恒的、绝对的。他承认对立面的普遍存在，具有一些辩证法的因素。但他认为这些对立面之间的关系，主要是协调服从的关系，否定矛盾双方的斗争。

《春秋繁露》所反映的董仲舒的认识论，是建立在神学唯心主义哲学体系上的，是为“天人感应”的神学目的论服务的。他的思想学说虽然有很大负面影响，但其正面积极的作用也是有目共睹的。如他的“天人感应”理沦，固然有宣扬君权的一而，但还有限制君主滥用权力的一面。董仲舒还提出了一系列在当时条件下值得肯定的主张。时至今日，仍有学者在研究他的思想体系中的有益文化。

10. 扬雄

扬雄（前53—18年），一作“杨雄”，字子云，西汉蜀郡成都（今四川成都郫县）人，西汉后期著名学者，哲学家、文学家、语言学家。

（1）人物生平

扬雄从小勤奋好学，博览群书，喜欢潜心思考，为人简易清静，曾师从严君平，通《易经》、《老子》，善辞赋。年轻时，他曾一度钦慕屈原、司马相如的辞赋。他以司马相如的赋为范本，写了不少华丽的辞赋，传至京师，为汉成帝所喜，召为给事黄门郎，与王莽、刘歆、董贤等为同僚，后转而研究儒学。他认为，“经莫大于《易》”，“传莫大于《论语》”，于是就模仿《周易》写了《太玄》，模仿《论语》写了《法言》。王莽篡权后，扬雄为中散大夫。

但他不愿趋炎附势，同流合污，所以甘愿寂寞，不参与朝政，在天禄阁校书，同时自己埋头著书。

（2）儒学思想

扬雄思想的代表作是《太玄》和《法言》。《太玄》是他表达自己宇宙论、本体论哲学思想的著作，是一部模仿《周易》而作的半哲学半筮占之书。《法言》则是扬雄表达自己人性论、伦理道德、政治学说等思想的著作。扬雄模仿《论语》，采用了问答体撰写此书，目的在于捍卫和发挥正统的儒家学说。在人性论方面，扬雄提出了“善恶混说”，认为人通过修身可去恶兴善；在伦理学方面，提出了儒家的“孝道”是做人的最基本准则。

11. 班固

班固（32—92 年），字孟坚，扶风安陵（今陕西咸阳市东北）人，东汉儒家学者，经学家，著有《汉书》。

（1）生平简介

班固出身于世代显贵之家，有深厚的家学渊源。其父班彪（3—54 年），字叔皮，光武帝时，官至望都长，为当时著名的儒家学者，才高博学，继司马迁而作《史记后传》百余篇，为班固撰写《汉书》奠定了坚实的基础。

班固自幼聪慧，九岁能写文诵诗赋，16 岁入太学就读，所学无长师。他贯通群书，诸子百家之言无不穷究。他在父亲的影响下研究史学。居丧在家时，着手整理父亲的《史记后传》，并开始撰写《汉书》。东汉明帝水平年间，有人告其私改国史，被捕入狱。其弟班超奔走上书，其书稿遂送至京师。明帝阅后，很赏识班固的才学，召为兰台令史，后又迁为郎，典校秘书。至汉章帝建初七年（82 年）其完成《汉书》，开创了断代史体例，为后世正史之楷模。后从大将军窦宪攻匈奴，为中护军，窦宪因擅权被杀，班固因此受到牵连，陷害入狱，死于狱中。

（2）儒学思想

班固曾于建初四年（79 年）参加章帝在白虎观召开的讨论五经同异的会议。会后，章帝命以古文经学见长的班固，将《白虎议奏》改写成一部体系严整、文风一气的著作，即《白虎通德论》，后世又称为《白虎通》或者《白虎通义》。在《白虎通》中，班固表达了正统的儒学观念。

12. 孔颖达

孔颖达（574—648 年），字冲远、仲达，冀州衡水（今河北衡水市）人，隋唐时期儒家学者，经学家。

孔颖达出身官宦人家，自幼受到传统的儒学教育，曾师从名儒刘焯，以精通五经称于世，对南北朝经学均有颇深造诣，兼善历算，能属文。隋炀帝大业初年（605—618 年），他举明经高第，授河内郡博士。隋炀帝时，召诸儒官于东都互相讨论学问，孔颖达水平最高，因此险遭妒嫉者暗杀。隋末农民起义时，避居虎牢。入唐后，他被李世民聘为秦王府文学馆学士，是著名的“十八学士”之一，历任国子博士、国子司业、国子祭酒等职。他曾助魏征撰写《隋书》，参与修订“五礼”。

唐朝统一天下之后，“文治”成了当务之急。“锐意经术”的唐太宗，有鉴于儒经文字多有异同，经义师说多门且繁杂而歧见纷出，颇不利于政治上的一统。乃命颜师古统一经典文字，成《五经定本》。

此时，孔颖达已升迁国子监祭酒，总管“六学”训导之政令，唐太宗便命孔颖达来主持统一经典章句的义疏。孔颖达与同僚参酌南北经义之歧见，以南学为主，成《五经义赞》。对《五经义赞》之名，唐太宗不太满意，于是下诏改为《五经正义》，并将它交付国子监，作为试用教材。《五经正义》对中国封建社会后半期的思想学术和文化，具有极其重大的影响。

13. 韩愈

韩愈（768—824 年），字退之，河南河阳（今河南孟县西）人，先世曾居昌黎（今辽宁义县），故亦称韩昌黎。唐代著名文学家，儒家学者，思想家、教育家。

韩愈出生于一个普通的官僚家庭，三岁时父母双亡，由其嫂郑氏抚养。孤独的童年生活和富有文学气氛的家庭环境，培养了韩愈刻苦奋斗和富于开拓的精神。他自幼勤奋好学，崇尚古文，尊奉儒学。唐德宗贞元八年（792 年），韩愈考中进士，后任监察御史，因上书请宽民徭，被贬为阳山（今广东西北）令，后遇赦还京后任国子博士、刑部侍郎，又因谏阻唐宪宗迎“佛骨”而被贬为潮州刺史，后遇赦调任袁州刺史。此后又历任国子祭酒、兵部侍郎、吏部侍郎、京兆尹等职。

自魏晋南北朝以来，儒学在佛、道二教的挑战下日趋衰微。韩愈一生即以复兴儒学为己任，因此他在中国儒学发展史上起到了重要的作用。

（1）道统论

孟子提出了一个从尧、舜至孔子的传授渊源系统，并以“当今之世，舍我其谁”的气概自续这个渊源系统。韩愈接过了这一话题，进而提出儒家的道统论，即“尧、舜、禹、汤、文、武、周公、孔、孟”关于道的传授系统的论说。

（2）贬斥佛、道二教

韩愈是唐代以排释、道著称的儒家学者，他不惜得罪皇帝而公然“谏迎佛骨”，又撰写了名篇《原道》以指责佛、道二教。韩愈的排佛、道思想，继承了不少前人已有的说法，但是，也提出了一些新的思想内容，如构建起儒家的“道统”以与佛教的“法统”相抗衡；阐明儒家以“仁义”为目标的“道德”与佛、道二教所言的“道德”在本质上之差异等。

（3）对汉唐治学风格的异议

韩愈认为佛、道二教之所以能够在魏晋以后盛行不衰，并与儒学分庭抗礼，其内在原因就在于汉唐时期儒生丢弃了孔孟儒学的精髓。因此，要复兴儒学，就应该抛弃汉唐儒生的学风。这一思想对北宋儒者反对传统的章句训诂之学有相当影响。

（4）倡导古文运动

韩愈是唐宋间古文运动的发起者之一。所谓“古文运动”，从形式上讲，就是要求化骈体文为散文，但在实质上，这一运动还包含着要求振兴儒学的深刻含义。因为，自魏晋以来，骈体文盛行，形式主义猖獗，无法表达深刻的思想，更无法成为关心社会和文化的工具。隋唐实行科举制度后，首重擅长为文的进士，青年士子纷纷学文而放弃学习儒家经典。韩愈提倡恢复古文而抛弃骈体文这个“时文”，其目的在恢复儒家之“道”。这一思想到北宋发展为“文以载道”。

（5）提倡“师道”

尊师重教，这是儒家的传统。隋唐时期“师道”不兴，韩愈作《师说》、《进学解》，抨击当时不重师道的现状，提出“师”的标准应该具有“传道、授业、解惑”三方面的职能，不应以地位、资历、贵贱、长幼来确定“师”。韩愈在具体的教育实践中还提出了不少具有真知灼见的名言佳句。宋代开始，中国的教育事业有很大发展，与韩愈提倡儒家“师道”也有一定关系。

总之，韩愈是汉唐儒学向宋明儒学转折时期的一个十分关键的人物，其著作今存《韩昌黎集》。

14. 李翱

李翱（772—841年），字习之，唐陇西成纪（今甘肃秦安东）人，一说为赵郡（今河北赵县）人，唐朝文学家、哲学家。

（1）人物生平

李翱是唐德宗贞元年间（785—804年）进士，历任国子博士、史馆修撰、考功员外郎、礼部郎中、中书舍人、桂州刺史、山南东道节度使等职务。

他曾师从韩愈学古文，协助韩愈推进古文运动，两人关系在师友之间。李翱一生崇儒排佛，认为孔子是“圣人之大者也”，主张人们的言行都应以儒家的“中道”为标准，尽力维护儒家的伦理纲常。

（2）儒学贡献

李翱在儒学方面的最大贡献，就在于试图重建儒家的心性理论，其《复性书》三篇为宋代理学家谈心性开了先河。《复性书》三篇，上篇总论“性情”及圣人之关系，中篇言如何修养成圣的方法路径，下篇勉励人们进行修养的努力。李翱的这些思想很多来自释家的启迪，但主要是在形式、境界、思维方式层面上，并没有影响到他最基本的价值判断及价值取向。

（3）儒学思想

李翱的心性理论，对后来北宋乃至南宋的理学家都有很大影响，这表现在：

其一，他把“性”与“情”分开，认为“性善情恶”，“性”是天授，所以是善的，而其恶是因为被“情”所昏蔽，这一点启迪了后来理学家对“天命之性”和“气质之性”的分野，亦是理学家“天理”、“人欲”之辨的根源。

其二，他的“弗虑弗思，情则不生”的所谓“正思”修养方法，对北宋二程“主敬”的工夫论产生了一定的影响。

其三，李翱特别重视《中庸》，把《中庸》所讲的“性命之学”，看作是孔孟思想之精髓，这也开了宋儒重视《中庸》的风气之先。

15. 孙复

孙复（992—1057 年），字明复，号富春，晋州平阳（今山西临汾）人，曾客居泰山讲学多年，学者们习惯于称他为泰山先生。北宋儒家学者，经学家，与胡瑗、石介一起合称为“宋初三先生”。

（1）人物生平

孙复的家世及其早年的经历已不可考。北宋仁宗天圣五年(1027年)，孙复36岁时，范仲淹守丧居南京应天府（今河南商丘），掌府学。孙复上谒范仲淹，范仲淹给予其经济资助，并为他谋了学职，授以《春秋》。以后范仲淹服满复职，孙复去应举。景祐元年（1034年），孙复第四次科举落第，通过郓城举子士建中介绍，孙复认识了石介。石介在泰山办学，邀孙复去讲学。孙复居泰山8年，主要从事经学的研究与讲学，撰写了《易说》64篇、《春秋尊王发微》12卷等著作，声名渐显于世。

庆功一年（1042年），在范仲淹、石介等人的推荐下，孙复任秘书省校书郎、国子监直讲。他与石介一起，积极支持范仲淹等的“复古劝学”主张，在太学实施举人应考须有听书日限及扩大太学录取人数等措施，使得学生人数骤增，北宋太学从此而兴。庆历七年（1047年），孙复因徐州举子孔直温案，贬外职，后重返太学任教。嘉祐二年（1057年）七月病逝。

（2）儒学思想

在经学方面，孙复撰有《易说》，早年已遗失。孙复经学为学界所重的是其《春秋》学，今存有《春秋尊王发微》12卷。孙复《春秋》学的特点在于置“三传”于不顾，凭己意诠释。

除《春秋》学外，其学术思想中值得注意的有三点：

一是提倡儒家“道统”；二是排斥佛、道二教，号召儒者起来“鸣鼓而攻之”，试图重振韩愈攘斥佛道的事业以复兴儒家文化；三是抨击科举时文，强调“文以载道”。

（3）儒学贡献

孙复是北宋庆历之际经学变古的代表人物之一，他的学风影响颇大，以后治《春秋》者相继效法，讲求舍传求经、变专门学为通学。

孙复著作今存《春秋尊王发微》12卷，其文集已散佚，《全宋文》中略存一些。

16. 胡瑗

胡瑗（993—1059 年），字翼之，泰州如皋（今江苏如皋）人，另作泰州海陵（今江苏泰州）人，远祖世居安定（今甘肃泾川以北）。北宋儒家学者，经学家、教育家。

（1）人物生平

胡瑗自幼专心儒家经典的学习，之后又上泰山苦读十年。他屡次科举不中，对科考心灰意赖，在吴中以教书谋生。宋仁宗景祐元年（1034 年），范仲淹迁知苏州，创建了“苏学”，聘胡瑗任教授。景祐二年（1035 年），范仲淹荐其考校朝廷乐制，由布衣超拜为校书郎。宝元三年（1040 年），范仲淹出任陕西抚副使，举胡瑗为丹州军事推官，迁保宁军节度推官。庆历二年（1042 年），应滕宗谅之邀出掌湖州府学。在湖州九年，教学有方，其所订学规为朝廷取为太学法。皇祐二年（1052 年）起，出任太学子直讲，后兼天章阁侍讲、太子中允，又任学政，负责“管勾太学”，后封为太常博士。

胡瑗是宋代“师道”的代表人物。胡瑗在长期的教学实践中形成了一套严格的学规和行之有效的教学方法。他在湖州学府创“经义”和“治事”二斋，因材施教，提出了“明体达用”的教育宗旨。其弟子遍布朝野，其中最出名的当推北宋理学大师程颐。

（2）经学大家

胡瑗以经学闻名当世，他博通五经，其中尤长于《易》学，今存有其弟子倪天隐整理的《周易口义》12 卷。胡瑗是宋代《易》学中“义理”一派的开创者。

（3）理学先驱

胡瑗是北宋理学的重要先驱者之一。当他在苏、湖地区执教时，学生遍及东南一带，后来人主太学，社会影响更广，因此胡瑗被理学家尊为“宋学”的先驱。

胡瑗著作除《周易口义》外，今存尚有《洪范口义》2 卷、《皇祐新乐图记》3 卷，其他诸多著作则亡佚了。

17. 石介

石介（1005—1045 年），字守道、公操，北宋兖州奉符（今山东泰安东南）人，家居徂徕山下，学者习称其为徂徕先生。北宋儒家学者，经学家、文学家。

（1）人物生平

石介于宋仁宗天圣八年（1030 年）中进士，曾历任秘书省校书郎、郓州观察推官、镇南军节度掌书记、嘉州军事判官、国子监直讲等职。范仲淹等于庆历三年（1043 年）行“新政”，石介积极参与，写了《庆历圣德颂》，公开地品评人物、褒贬大臣，因此得罪了不少人。“新政”失败后，石介遭人陷害，牵连到范仲淹、富弼等人。范仲淹、富弼只能自请外任，石介也难于立于朝，得判濮州，第二年便病故。

（2）儒学贡献

石介是北宋庆历之际为儒家争“正统”，排斥佛、道二教和抨击时文的代表人物。石介几乎言必称“道”，他排列出了一个比韩愈要详尽得多的儒家“道统”名单，其中包括伏羲、神农、黄帝、文、武、周公、孔子等“圣人”，以及孟轲、扬雄、王通、韩愈等“贤人”。他提出了一个几乎囊括儒家思想中所有重要概念的“文”的界说。为了把儒家正统抬到绝对的高度，石介甚至不惜抛弃了历来排佛者所惯用的一个能打动上层统治者的有力武器——经济因素，完全从文化意识出发来排击佛、道二教。由于石介当时身居国家最高学府太学的教官之职，所以这些思想的影响很大。

石介曾著有《易口义》10 卷、《易解》5 卷、《唐鉴》5 卷、《三朝圣政录》20 门等，均已佚。今存唯其文集《徂徕集》20 卷，及《宋元学案》中辑其的《春秋说》片断。

18. 李觏

李觏（1009—1059 年），字泰伯，北宋建昌军南城（今属江西）人，因南城在盱江边，故学者称其为盱江先生，北宋儒家学者，思想家、经学家。

李觏屡试科举不第，以教学为生，创建“盱江书院”，从学者数百人。后经范仲淹推荐，任太学助教、直讲，卒年 50 岁。

北宋时期的江西学风重经世致用，这一学风由欧阳修所倡导，李觏是其间的一个重要代表，他在学术上以儒学为宗，反对佛、道二教，是庆历之际排佛、道思潮的代表人物之一。

李觏的许多思想给予范仲淹“庆历新政”理论上的支持，又是后来王安石“变法”的思想渊源。由于重经世实用，在经学上李觏颇重《礼》学，《周礼致太子论》是其“通经致用”的理论代表作。由于重实用，所以李觏反对孟子，著有《常语》以驳孟子思想，反对所谓的“重义轻利”。

李觏著有《盱江文集》（又名《直讲李先生文集》），校勘标点本《李觏集》。

19. 周敦颐

周敦颐（1017—1073 年），原名敦实，避英宗旧讳改敦颐，字茂叔，北宋道州营道（今湖南道县）人。历任南安军司理参军、虔州通判、知南康军等职。其晚年定居庐山莲花峰下。北宋儒家学者，哲学家，理学的开创者之一。

周敦颐从小喜爱读书，在家乡道州营道地方颇有名气，人们都说他“志趣高远，博学力行，有古人之风”。

由于大量广泛阅读，周敦颐接触到不同种类的思想。从先秦时代的诸子百家，到汉代才传入中国的印度佛家，他都有所涉猎，这为他而后精研中国古代奇书《易经》创立先天宇宙思想奠定了基础。

周敦颐精通《易》学，著有《太极图说》（本名《太极图·易说》）、《通书》。周敦颐的《易》学属于宋《易》中的“象数”一派，南宋朱震、胡宏说其学是从五代至宋初时期的华山道士陈抟处得来。他的《太极图说》批判地吸取了道家系统宇宙发生论，将之与《易》学系统宇宙理论结合起来，建构起了儒家哲学的基本宇宙生成模式；而其《通书》则提出了儒家心性论、伦理学等概念命题。

周敦颐的著作，后人合编为《周子全书》。其主要成就集中体现为《太极图说》和本体论，关于这两方面的内容，我们将在其后章节详述。

20. 张载

张载（1020—1077 年），字子厚，大梁（今河南开封）人，人称横渠先生。北宋儒家学者，哲学家，理学支脉“关学”创始人。

（1）宇宙论

张载认为，宇宙的本原是气。气有聚散而无生天，气聚则有形而见形成万物，气散则无形可见化为太虚。他认为宇宙是一个无始无终的过程，在这个过程中充满浮与沉、升与降、动与静等矛盾的对立运动。他还把事物的矛盾变化概括为“两与一”的关系，认为“两与一”互相联系、互相依存。

（2）认识论

在认识论方面，他提出“见闻之知”与“德性之知”的区别，“见闻之知”是由感觉经验得来的，“德性之知”是由修养获得的精神境界，进入这种境界的人就能“大其心则能体天下之物”。

（3）社会伦理观

在社会伦理方面，他提出“天地之性”与“气质之性”的区别，主张通过道德修养和认识能力的扩充去“尽性”。他主张温和的社会变革，实行井田制，实现贫富均衡。

张载还提倡“民胞物与”思想，认为乾坤是天地的代称，天地是万物和人的父母，天、地、人三者混合，处于宇宙之中，因为三者都是“气”聚而成的物，天地之性，就是人之性，因此人类是同胞，万物是朋友，万物与人的本性是一致的。

21. 程颢

程颢（1032—1085年），字伯淳，又称明道先生，与其弟被合称为“二程”，习称之为“大程”，河南洛阳人，北宋儒家学者，著名哲学家，北宋理学代表人物之一。

（1）人物生平

程颢出生于仕宦世家，25岁中进士，初任地方官，颇有政绩。宋神宗熙宁初年（1068—1077年），被荐为太子中允、权监察御史里行。当时，王安石正开始实行变法，程颢因与王安石政见相左，上疏批评“新法”，被出为外任，出任签书镇宁军判官、知扶沟县等职，但大部分时间与其弟程颐在洛阳聚徒讲学。神宗死后，哲宗继位，以司马光为代表的“旧党”执政，后程颢被召为宗正丞。

（2）引释、道入儒

程颢青少年时代就师从周敦颐，周敦颐教导他追求一种摆脱世俗名利，一生求“道”的境界。程颢认为“孟子没而圣学不传，以兴起斯文为己任”。逐渐地，程颢的思想和其他理学家一样，受到释、道学说的影响。

（3）儒学贡献

程颢在儒学上有两大贡献：一是与程颐一起，创立了“天理”学说，“理”因此成为二程哲学的核心，宋明理学也就从此得名；

二是对孔子的“仁”学有新的发展。他把先秦儒家“仁学”所强调的爱人、博施济众、克己复礼等，进一步发展成为与“万物为一体”的境界。这一思想与张载的“民胞物与”思想有相通之处。

除此之外，在修养方法上，程颢提出了“定性”理论。所谓“定性”实际就“定心”，即如何使人做到内心的安宁与平静。他认为，要使内心平静，不受外部事物干扰，就应该不执著、留恋于任何事物，“内外两忘”，超越自我。

程颢一生没有专门的学术著作，他讲学时的言论及一些书信、诗文，被后人与程颐的著作合编在一起而为《二程全书》。

22. 谢良佐

谢良佐（1050—1103 年），字显道，蔡州上蔡（河南上蔡）人，人称“上蔡先生”或“谢上蔡”。谢良佐创立了“上蔡学派”，是心学的奠基人、湖湘学派的鼻祖，在程朱理学的发展上起到桥梁作用。

（1）人物生平

谢良佐年轻时师从于二程，与游酢、杨时、吕大临并称程门“四先生”。他强调“穷理”、“居敬”为入“圣德”之门，为后世学者称道。他著有《论语说》、《上蔡语录》等。

1085 年，谢良佐进士及第，后曾任河南渑池、湖北应城知县。1101 年，谢良佐被人推荐，受到宋徽宗的召见，被派往书局任职，后又被贬为管库，监管京西竹场。接着因他得罪了皇帝，被关进监狱，废为平民。

（2）儒学思想

谢良佐学术思想的最大特点是“引禅入儒”，他认为，以“生意”解释仁，仁体现万物的“生意”。故仁者，为天之理，非为杜撰。圣门学者，要以克己为本，无私心，便使人浑然与物同体。

他在“格物穷理”论上继承二程思想，认为“格物穷理”（穷究事物的道理），必须从认识“天理”获得。“天理”是人人皆有，是自然而然的，要恢复“天理”，必须扫除人心中的欲望。

他还用禅学解释《论语》。他认为，自秦、汉以来，开门教授《论语》者，不过是分章析句而已。魏、晋以后，读者更少。既不知读其书，也不知圣人心；虽欲读之，却不得要领。只有使“本真”的心恢复，才可深懂《论语》的微旨，受到启发，久而久之，心与天地同流，体与神明为一。

（3）儒学贡献

第一，传承程朱理学。谢良佐的哲学在程朱理学中起着承上启下的作用。理学的创立者是程颢、程颐，集大成者为朱熹。谢良佐师承二程，并不负师望，不仅将二程的思想发扬光大，而且把二程之说传于南方，最终形成以朱熹学术为主体的新儒学，开启儒学史上的新篇章。

第二，心学奠基人。谢良佐是心学的奠基人。谢良佐提出“心为天之理”的命题，认为心、仁、理是一体的。谢良佐的思想已经具备心学的雏形和基本模样，开陆九渊心学之先河，被认为是心学先驱。

第三，湖湘学派的鼻祖。作为湖湘学派的开山鼻祖，谢良佐的思想主张对湖湘学派的开创者胡安国、正式确立者胡宏、集大成者张轼都有很大影响。

正因为以上这些学术贡献，谢良佐被称为是“中国儒学史上的关键人物”。

23. 杨时

杨时（1053—1135 年），字中立，号龟山先生，宋代将乐县（属今福建）人，著名的理学家、政治家。

（1）人物生平

杨时少年时期便聪颖好学，善诗文，人称“神童”，北宋熙宁九年（1076 年），杨时中进士，次年被授予汀州司户参军。他以病为由没有赴任，专心研究理学，著《列子解》。

元丰四年（1081 年），杨时被授予徐州司法。29 岁那年他前往河南颍昌，专门投于洛阳著名学者程颢门下，研习理学。他勤奋好问，学习成绩优异。元丰六年（1083 年），杨时赴徐州上任。同年八月，他完成《庄子解》著述。元祐三年（1088 年），杨时被授予虔州司法。杨时执法公平严明，秉公办案，刚正不阿。元祐五年（1090 年），杨时又因父亲杨殖去世，回乡守制。

程颐去世后，杨时又一次北上求学，元祐八年（1093 年）五月，杨时投于程颢的弟弟程颐门下，到洛阳伊川书院学习。那时，杨时已 40 多岁，并对理学已有相当造诣。但是，他仍然谦虚谨慎，不骄不躁，继续求学。

（2）儒学贡献

杨时一生精研理学，特别是他“倡道东南”，对闽中理学的兴起做出了贡献，被后人尊为“闽学鼻祖”。

杨时拜二程为师，在其门下研究理学。后来杨时学成要回福建时，程灏语重心长地说：“吾道南矣！”深信他能把自己的学说带到南方去传播、发展。

当时的福建相对于中原来说，是比较偏僻的地方，文化学术发展滞后，有“闽人不知书”之讥。杨时回到故里以后，在福建以及东南各省许多地方创办书院，讲学授徒，大兴文教，引进中原文化，各地不远千里慕名而入他门下求学者络绎不绝，极大地推动了福建和东南文化的发展，亦使理学在东南各省得到很大的传播。

（3）儒学思想

杨时还用《华严宗》、《易经》的内容来阐述他的哲学思想，并用孔孟的《大学》、《中庸》、《孟子》中“格物致知”、“诚”、“形色”、“天性”等概念来丰富、扩充自己的思想。对“理一分殊”、“明镜”等学说有新的创见，还在自然观上，吸收了张载“气”的唯物主义学说。他的哲学思想对后来的罗从彦、李侗、朱熹等人产生了深刻的影响，也对我国的古代哲学，特别是思辨哲学方面产生过深远的影响。

杨时一生著述颇多，主要收集在《杨龟山先生文集》中，被后人称之为“程氏正宗”。

24. 朱熹

朱熹（1130—1200 年），字元晦，一字仲晦，号晦庵、晦翁、考亭先生、云谷老人等，南宋徽州婺源（今属江西省婺源县）人。

（1）人物生平

朱熹于宋高宗绍兴十八年（1148 年）中进士，历任泉州同安县主簿，知南康军、提举浙东茶盐公事等职。他平生不喜为官，一生中大部分时间（约 40 年）都在福建讲学。晚年卷入当时朝廷的政治斗争，被夺职罢祠，其学被定为“伪学”，其人也被定为“伪学首魁”，直到去世之时“罪名”尚未解除。但朱熹死后不久，“党禁”解弛，他的地位开始逐渐上升，最终其在历代儒者中的地位及实际影响仅次于孔子和孟子。其思想学说从元代开始成为中国的官方哲学，不仅深刻地影响了中国的传统思想文化。“朱子学”在政治领域和思想文化领域都拥有举足轻重的地位，产生相当大的影响。

（2）理气论

朱熹认为，宇宙万物都是由“理”和“气”两方面构成的，气是构成一切事物的材料，理是事物的本质和规律；在现实世界中，理、气不能分离，但从本原上说，理先于气而存在，这是客观唯心主义的观点。由理气论引申到理事论，朱熹认为一切事物中都有理，理虽无形迹，但却包含了事物的本质及其发展的可能性。他把“理”的全体称为“太极”，这个“太极”就是一，是宇宙的本体；就每一事物来看，它们都完整地禀受了这个“理”。

（3）心性论

朱熹曾认真地研究了《中庸》关于“已发”、“未发”的思想，以及二程以来诸儒对此问题的讨论，其观点在40岁前后有所不同，前期认为“心为已发，性为未发”，这个思想受到胡宏的影响；后期则修正了自己的观点，认为“已发”、“未发”为心理活动的不同阶段或状态。在心性论方面，朱熹还提出了重要的“心统性情”的理论，这是他对张载思想的发展，认为性是心之体，情是心之用，心是包括体用的总体。对“性”的概念，朱熹又区分了“天命之性”和“气质之性”两个层面，这是他对程颐思想的发展。

（4）认识论

朱熹发展了《大学》关于“格物致知”的思想，对“格物”的解释，朱熹认为，一是“即物”即接触事物，二是“穷理”即研究物理，三是“至极”即穷理至其极；对“致知”的解释，朱熹认为是扩展、充广知识。致知是格物的目的和结果。

总的说来，朱熹的理论是对程颐“格物穷理”认识论的发展。朱熹为了发挥其思想，提出《大学》篇中缺失对“格物致知”的解释，于是还专门做了《补格物致知传》。

（5）知行观

在知行观上，朱熹提出“知先行后”的观点，认为“知”的目的在“行”，即实地践履，若想践履，必须先知，不过朱熹也强调“知”和“行”不能偏废。与传统儒家的观点一致，朱熹的知行观主要强调的是道德的践履问题，而不是认识的来源问题。

（6）功夫论

在修养功夫方面，朱熹主张“主敬涵养”，他不仅发展了程颐“涵养须用敬”的思想，也吸收了程门弟子及他自己的修养体验。朱熹的“主敬”理论突出强调了“未发”，即人在无所思虑及情感未发生时，仍须保持一种收敛、谨畏和警觉的知觉状态，最大程度地平静思想和情绪，这样就可以涵养一个人的德性。

（7）著述情况

在经学方面，朱熹有许多著作，《四书集注》（全称为《四书章句集注》）是其代表力作，是其为《大学》、《中庸》、《论语》、《孟子》所作的注。朱熹一生为编撰《四书集注》倾注了大量心血。《四书集注》充分反映了朱熹的“道统”学思想。朱熹继承二程的观点和做法，非常尊崇《孟子》和《礼记》中的《大学》、《中庸》两篇，让三者与《论语》并列。这就将程朱理学与儒家经典紧密联系起来，抬高了程朱理学的地位。

朱熹一生著述极丰，是中国历史上著作最多的儒家学者之一，除了《四书集注》外，《宋史·艺文志》中著录者有40余种，未著录的尚有20余种，另外由其弟子或后人编纂的著作也有20余种。

25. 张栻

张栻（1133—1180年），字敬夫，一字钦夫，又字乐斋，号南轩，世称南轩先生，南宋汉州绵竹（今四川绵竹县）人。

（1）人物生平

张栻幼承家学，成年后师从南岳衡山五峰先生胡宏，潜心理学。他曾以古圣贤自期，做《希颜录》以见志。孝宗乾道元年（1165年），受湖南安抚使刘珙之聘，主管岳麓书院教事，在此苦心经营三年，使书院闻名遐迩，从学者达数千人，初步奠定了湖湘学派规模，成为一代学宗。此后他历任知抚州、严州，吏部员外侍郎等职。

他的著作经朱熹审定的有《南轩文集》44卷、《论语解》10卷、《孟子说》7卷，后人合刊为《张南轩公全集》。

（2）儒学思想

张栻理学上承接二程思想，推崇周敦颐《太极图说》，以“太极”为万物本原，主张格物致知，知行互发。政治上誓不与秦桧为伍，力主抗金。朱熹称其“学之所就，足以名于一世”，并述自己受其深刻影响。

（3）教育主张

张栻在教育方面写有大量学记，提出办学的主张。他反对学校成为科举的附庸，主张以儒家的政治伦理去教育和培养修齐治平的人才。

在教育方法上认为学习必须循序渐进，反对学习上的好高骛远，在学与思的问题上，主张“学思并进”，在其主教岳麓书院期间，以此躬行实践，影响甚著。他的思想对后世学风产生了巨大影响。

26. 陆九渊

陆九渊（1139—1192 年），号象山，字子静，南宋著名哲学家、教育家，抚州金溪（今属江西）人，与当时著名的理学家朱熹齐名，史称“朱陆”。

陆九渊是中国“心学”的创始人。明代王阳明发展其学说，成为中国哲学史上著名的“陆王学派”，对近代中国理学产生深远影响，被后人称为“陆子”。

（1）人物生平

陆九渊曾在贵溪龙虎山建茅舍聚徒讲学，因其山形如象，自号象山翁，世称象山先生、陆象山。乾道八年（1172 年）他登进士第。他承认王安石英才盖世，不合流俗，但认为王安石学术上没有触及根本，不苟同其政治改革。对“靖康之变”胸怀复仇雪耻之大义，故访求智勇之士，共谋恢复失地。任地方官时，他政绩颇著，且不忘教育，常授徒讲学。去官归里后，他在学宫内设讲席，贵贱老少都前来听讲。

（2）儒学思想

陆九渊与朱熹同时，两人都是理学家，但朱熹属于客观唯心主义，而陆九渊属于主观唯心主义。陆学继承了孟子的“万物皆备于我”的“心学”，认为人们的心和理都是天赋的，永恒不变的，仁、义、礼、智、信等封建道德也是人的天性所固有的，不是外铄的。学的目的就在于穷此理，尽此心。人难免受物欲的蒙蔽，受了蒙蔽，心就不灵，理就不明，必须通过师友讲学，切磋琢磨，鞭策自己，以恢复心的本然。

至于读书，他最重视《大学》、《中庸》、《论语》和《孟子》，要求联系日用事物讽咏自得，反对习注疏章句之学，以谋求利禄。

（3）儒学贡献

由于陆九渊一生不喜著书，故有关书籍《象山集》多为往来书信及短篇杂著等，于开穆元年（1205 年）由其子陆持编成，嘉定五年（1212 年）由其门人袁燮刊行，共 32 卷。

27. 叶适

叶适（1150—1223 年），字正则，号水心，浙江瑞安人，南宋哲学家、文学家。淳熙五年（1178 年），他为进士第二名（榜眼），历仕于孝宗、光宗、宁宗三朝，官至权工部侍郎、吏部侍郎兼直学士院。他力主抗金，反对和议，并亲赴前线，指挥作战。

叶适是永嘉学派的代表，讲究“功利之学”，反对传统只重农业、轻视工商的政策。叶适持唯物主义观点，反对空谈性理。他强调“道”存在于事物本身之中，物由气构成，五行八卦都是气的变化形态。他提出事物对立统一的命题，认为事物对立面处于依存、转化之中，但强调“止于中庸”。他提倡对事物做实际考察来确定义理。叶适反对当时性理空谈，对于理学家们所最崇拜的人物如曾子、子思、孟子等，进行了大胆的批判，指出理学家糅合儒、释、道三家思想提出“无极”、“太极”等学说的谬论。在哲学、史学、文学以及政论等方面都有贡献。

除此之外，叶适的文学造诣也很深，在诗文创作上，继承韩愈“务去陈言”、“词必己出”的传统，从观点到文字均力求新颖脱俗，提倡独创精神。其文雄赡，才气奔逸，倾向于晚唐的诗风，尤其尊崇姚合、贾岛的风雅清淡。

28. 王守仁

王守仁（1472—1529年），字伯安，别号阳明，生于明宪宗成化八年（1472年），浙江余姚人，因被贬贵州时曾于阳明洞（今贵阳市修文县）学习，世称阳明先生、王阳明。他是我国明代著名的文学家、哲学家、思想家、政治家和军事家，是二程、朱、陆后的另一位大儒，“心学”流派的重要代表人物。王阳明的著作由门人辑成《王文成公全书》38卷，其中《传习录》和《大学问》是主要的哲学著作。

王守仁在继承思孟学派的“尽心”、“良知”和陆九渊的“心即理”等学说的基础上，批判地吸收了朱熹的超感性、先验范畴的“理”为本体学说，创立了王学，或称阳明心学。

王学的内在结构是由“知行合一”和“致良知”构成的。在这一结构中，王守仁以心（良知）立言，又以良知释心，心（良知）于是就构成了王学的基石。在王守仁看来，心是无所不包的。他认为，“良知”是心之本体，是人人生而俱来的、先验的、普遍的“知”。

同时，他又强调“良知”是外在社会伦理道德与内在个体心理欲求的统一，是与天地万物同体的。正是这个充塞天地的“良知”（灵明），才使“我”与万物（包括社会）无间隔地一气流通，互不内外远近地融为一体。也因此感召人们去追求圣人的境界。这就极大地强调了主体意识的能动性，高扬了人格精神的伟大，成了“致良知”的主体后天努力的内在要求。在这里，王守仁突破了朱熹那种“天理”的绝对性，从而肯定了人欲的合理性。“致良知”就是如何为圣的过程，及肯定个体生命存在价值的体验过程。

可见，王守仁的心学是一种体验哲学。作为其心学不可分割的组成部分的美学，也具有鲜明的体验性质，可以说是体验美学。

29. 王延相

王廷相（1474—1544 年），字子衡，号濬川，谥肃敏，河南兰考人，明朝儒学者、文学家。

（1）人物生平

王廷相自幼聪慧奇敏，才思敏捷，13 岁补邑庠生（秀才）。弘治十五年（1502 年），29 岁考中进士，被选为翰林庶吉士。弘治十七年（1504 年）任兵部给事中，因忤中官刘瑾、廖铠，被诬下狱，谪赣榆县丞。当时正遇上北方大同边境告急，王廷相上书陈述采取对策，初步展露其在军事上进行改革的宏图大志及非凡的才能，后来逐步迁升为山东提军副史、湖广按察使、四川巡抚右副御史、南京兵部尚书、都察院右都御史、兵部尚书、太子少保、太子太保等职。嘉靖二十年（1541 年）因受郭勋一案牵连，革职为民，被罢免官职回归故里。嘉靖二十三年（1544 年）病逝，享年 71 岁，埋葬于仪封城东二里许（即今仪封乡老君营村南）。

（2）儒学贡献

王廷相一生锐意改革，不仅在政治、经济、军事上提出了一系列改革措施，而且在教育、哲学、文学等方面也有卓越的成就。他在山东任职期间，提介文教，改变士风，主张改革教育及科举制度，提出“学习读书当以经国济世为务”，坚持以正面教育为主。他博学好议论，因为文学理念相近，加上同时尊崇复古文风，因此与李梦阳、何景明、康海等七人并列成为前七子。王廷相推崇李梦阳，认为“秦汉以来，掩蔽前贤，牢笼百代，独空同一人”。王廷相还是一名哲学家，他继承了王充、范缜等人的唯物主义思想，在宇宙观上，他否定佛道“有生於空、无”的说法，扬弃了宋明理学大家程颐、朱熹以理气、心性为本体的二元观点。除此，他对自然科学也有过人的见解，他对梦的解释是：“梦，思也、缘也、感心之迹也”（《慎言·见闻篇》）。其文学评论也颇有见地。

（3）儒学思想

王廷相的主要著作有《王氏家藏集》、《内台集》、《慎言》、《雅述》、《横渠理气辩》等。其哲学思想集中反映在《慎言》一书中。《慎言》分13篇，共407章，成书于明嘉靖六年（1527年），初刻于嘉靖十二年（1533年）。书中论述了“气者造化之本”和“理载于气”、“离气无道”的思想，批判了“道能生气”的观点，主张“离气无性”，否定了程朱理学的“本然之作”。他反对有不学而能的“德性之知”，主张知识由“致知”和“履事”而来。书中还强调了“行”在认识中的作用。王廷相批评了天人感应论，认为吉凶祸福由“人事”决定。但是，书中也有“天命不测，不可无鬼神”等思想。

《慎言》是在批判理学的斗争中产生的，它继承、发展了张载的唯物论思想，在宋明哲学史上是一个重要的环节。

30. 刘宗周

刘宗周（1578—1645年），字起东，别号念台，明朝绍兴府山阴（今浙江绍兴）人，因讲学于山阴蕺山，又称“蕺山先生”。

刘宗周是明代最后一位儒学大师，也是宋明理学（心学）的主力军。他开创的蕺山学派，在中国思想史特别是儒学史上影响很大。刘宗周的思想学说具有承先启后的作用。

（1）人物生平

明万历二十九年（1601年）成进士，任行人司行人。他为人清廉正直，操守严格，立朝敢于抗疏直言，屡遭贬谪，不改其志。明亡之次年乙酉（1645年），清军南下入浙，他在家乡绝食殉节。观其一生，从政时间很短，多半生从事于讲学育人，故其弟子遍天下，而以黄宗羲、陈确、祝渊、张履祥等最为著名。

（2）儒学思想

刘宗周认为陆王心学容易导致禅学化。但到了中年，他的学术主张发生了很大变化。解官后，他闭门读书，转向了陆王心学，著有《心论》一文，表明其完成了对心学从“始而疑”到“中而信”的转变。

在教学之余，刘宗周撰成《论语学案》、《曾子章句》两部重要著作，反映了他的学术思想既由心学中脱胎，又希望矫正心学之失的特征。这表明刘宗周对阳明心学开始了由“中而信”到“终而辨难不遗余力”的转变。

（3）“慎独”观念的提出

“慎独”说是刘宗周学说的宗旨。他在自己的著作中反复强调“慎独”的重要性。“独”即是本心，即是良知，是人具有的一种主观道德能力，“慎独”则是一种内省的道德修养功夫。刘宗周把“独”提升到本体论高度，而把“慎独”说成是最重要的修养方法。他认为“慎独”是学问的第一义，除“慎独”之外，别无学也。故在自己的著作中将其贯穿始终。

“慎独”说是刘宗周的道德修养论。他在当时历史条件下提出“慎独”，主要是针对当时的士风，希望通过内省的功夫，收拾人心，使人人向善，跻于道德之域，以解救“世道之祸”。

31. 黄宗羲

黄宗羲（1610—1695 年），字太冲，号南雷，浙江余姚人，学者尊称其为“梨洲先生”，明末清初杰出思想家。

（1）人物生平

黄宗羲之父黄尊素为万历进士，天启中为御史，是东林党人，因弹劾魏忠贤而被削职归籍，不久又下狱，受酷刑而死。崇祯元年（1628 年），19 岁的黄宗羲击杀狱卒，哭祭于诏狱中门，浩气震动内外，崇祯帝叹称其为“忠臣孤子”。归乡之后，他发愤读书，从学于著名哲学家刘宗周，得蕺山之学真传。10 年后，他在南京参与 140 人公布的《留都防乱公揭》，揭发阉党阮大铖的祸国殃民之罪，遭到残酷镇压，亡命日本。清顺治二年（1645年），清军南下，弘光政权崩溃，鲁王朱以海监国于绍兴。清朝成立后，黄宗羲招募里中子弟数百人组成“世忠营”，在余姚举兵抗清，达数年之久，鲁王政权授以监察御史兼职方之职。在配合张煌言进行复国活动失败后，漂泊海上，至顺治十年（1653年）初返回故里，课徒授业，著述以终，至死不仕清廷。

（2）学术成就

黄宗羲为学领域极广，成就颇富，于经史百家及天文、算术、乐律、释道无不涉猎，而史学造诣尤深。他论史注重史法，强调征实可信。在儒学上，认为气为本，无气则无理，理为气之理，但又认为“心即气”，“盈天地皆心也”。在政治上，他从“民本”的立场深刻批判封建君主专制，提出君为天下之大害，不如无君，主张废除君主“一家之法”，建立万民的“天下之法”。他还提出以学校为议政机构的设想。他精于历法、地理、数学以及版本目录之学，并将其所得运用于治史实践、辨析史事真伪、订正史籍得失，多有卓见，影响及于整个清代。

（3）主要著述

黄宗羲一生著述大致依史学、经学、地理、律历、数学、诗文杂著为类，多至50余种，300多卷，其中最为重要的有《明儒学案》、《宋元学案》、《明夷待访录》、《孟子师说》、《今水经》、《大统历推法》、《四明山志》等。黄宗羲生前曾自己整理编定《南雷文案》，又删订为《南雷文定》、《文约》。

黄宗羲的启蒙思想完全没有外来思想的影响，被称为“中国思想启蒙之父”，并与顾炎武、王夫之并称为“清初三大思想家”。

32. 顾炎武

顾炎武（1613—1682年），苏州府昆山县（今江苏昆山）人，原名绛，字忠清，明亡后改名炎武，字宁人，亦称署蒋山佣，被尊称为亭林先生。他是明末清初著名的思想家、史学家、语言学家。他曾参加抗清斗争，后来致力于学术研究。晚年侧重经学的考证，考订古音，著有《日知录》、《音学五书》等，是清代古韵学的开山鼻祖。

顾炎武学术的最大特色是一反宋明理学的唯心主义的玄学，而强调客观的调查研究，开一代之新风。

（1）以经学接济理学的学术思想

晚明以来，阳明心学至整个宋明理学已日趋衰颓，思想学术界出现了对理学批判的实学高潮。顾炎武顺应这一历史趋势，在对宋明理学的批判中，建立了他的以经学接济理学的学术思想。

顾炎武对宋明理学的批判，是以总结明亡的历史教训为出发点的，其锋芒所指，首先是阳明心学。他认为，明朝的覆亡乃是王学空谈误国的结果，进而揭露心学“内释外儒”之本质，指斥其违背孔孟旨意。

但是，顾炎武在该以什么学术形式去取代陆王心学和程朱理学这个问题上，却受到时代的局限，无法找到更科学更新颖的理论思维形式，只得在传统儒学中寻找出路，从而选择了复兴经学的途径。他在致友人施愚山的书札中明确提出了“理学，经学也”的主张，认为经学才是儒学正统，批评那种沉溺于理学家的语录而不去钻研儒家经典的现象是“不知本”。他号召人们“鄙俗学而求六经”，主张“治经复汉”。在他看来，古代理学的本来面目即是朴实的经学，只是后来由于释、道的渗入而禅化了。因此，他倡导复兴经学，要求依经而讲求义理，反对“离经而讲道”。

（2）“博学于文”、“行己有耻”的为学宗旨与处世之道

“博学于文”、“行己有耻”二语，分别出自《论语》的《颜渊》篇和《子路》篇，是孔子在不同场合答复门人问难时所提出的两个主张。顾炎武将二者结合起来，并赋予其时代的新内容，成了他的为学宗旨与处世之道。他所理解的“博学于文”是和“家国天下”之事相联系的，这不仅仅限于文献知识，还包括广闻博见和考察审问得来的社会实际知识。从中可见他所关心的还是“四海之困

穷”的天下国家之事，所注重的自然是“经世致用之实学”。所谓“行己有耻”，即是要用羞恶廉耻之心来约束自己的言行。有鉴于明末清初有些学人和士大夫寡廉鲜耻、趋炎附势而丧失民族气节，他把“博学于文”与“行己有耻”结合起来，强调二者的关系。他认为只有懂得羞恶廉耻而注重实学的人，才真正符合“圣人之道”，否则，就远离了“圣人之道”。

33. 王夫之

王夫之（1619—1692 年），字而农，号涢斋，别号一壶道人，湖南衡阳人。晚年居于衡阳之石船山，世称“船山先生”。他是明末清初杰出的思想家、哲学家。

（1）人物生平

王夫之性格孤傲。明崇祯年间，他求学于岳麓书院，师从吴道行。在校期间，吴道行教以湖湘家学，传授朱张之道，较早影响了王夫之的思想，形成了王夫之湖湘学统中济世救民的基本脉络。明亡后，在清顺治五年（1648 年），王夫之在衡阳举兵抗清，阻击清军南下，战败退肇庆，任南明桂王政府行人司行人，为反对王化澄，几陷大狱，后决心隐遁。回到家乡衡阳他潜心治学，在石船山下筑草堂而居，人称“湘西草堂”，在此他撰写了许多重要的学术著作。

（2）儒学成就

在政治上，王夫之反对豪强大地主，认为“大贾富民”是“国之司命”，农工商业都能生产财富。他深刻揭露了秦始皇及历代帝王把天下当作私产的做法。在这个主旨下，王夫之的历史观和政治思想大都表现在他的《读通鉴论》和《宋论》两部书里。

（3）儒学思想

王夫之学问渊博，尤精于经学、史学、文学。他总结并发展中国传统的唯物主义，认为“气”是物质实体，而“理”则为客观规律。他强调“无其器则无其道”，并由“道器”关系建立其历史进化论，反对保守退化思想。他还认为人性随环境习俗而变化，而教育要“养其习于蒙童”。王夫之一生著书320卷，在哲学上最重要的著作有《周易外传》、《尚书引义》、《读四大全说》等。

34. 戴震

戴震（1724—1777年），字东原，安徽屯溪人。他是乾嘉考据学久负盛名的“皖派宗师”，对晚清以来的学术思潮产生了深远的影响。

（1）人物生平

戴震的一生充满坎坷与传奇。他自幼跟随父亲走南闯北经商，较早地接触社会生活，见多识广，从小就养成了独立思考、追本溯源的思维习惯。其一生的学术成就，也完全得力于他敢于怀疑、敢于批判的学术品格。戴震22岁写成《策算》，23岁写成《六书论》，24岁写成《考工记图》，25岁写成《转语》，27岁写成《尔雅文字考》……可谓天资聪颖，著述颇丰。他直到40岁才考取举人，51岁被召为《四库全书》纂修官，52岁得到乾隆皇帝特别开恩赐同进士出身。

（2）考据之学

戴震考据学的出发点在于有意识地继承并发扬顾炎武以来的学术传统，他既反对程朱理学空谈义理的虚玄无物，又反对乾嘉考据的矫枉过正。“离词—辨言—闻道”构成了戴震哲学的主体框架。

戴震认为义理、考据、文章（词章）同为求得学问的途径，这直接导致了戴震的考据学具有与众不同的性质。戴震“取证于经书”的训诂学，是一个主体意识呈现的过程，是通过传统经典的义理发现来揭示哲学思想的手段。

（3）义理之学

戴震最高的儒学成就在义理之学。他借助对《孟子》的再次诠释，重新解释了理、天道、性、才、道、仁、义、礼、智、诚等哲学范畴，在继承并尖锐批评程朱理学的同时，展现了自己的哲学思想。他坚持“气化即道”的宇宙观，认为阴阳五行永不停息的运动构成了道的真实内容。戴震擅长于哲学分析、抽象与理性思辨。他最大的理论贡献在于打破了“天理”、“理”的神圣性、神秘性，他借助先秦两汉时期质朴、平实的经典释诂，指出所谓“天理”就是天然的、自然而然的道理，而欲望的适当满足就是“理”。欲、情、知三者条畅通达，才是人生的理想状态。戴震“理欲一元”的论说，打破了程朱理学“理欲二元论”的藩篱，并且视程朱之“理”为专制主义的“残杀之具”。

他的这些思想在客观上反映了当时市民阶层的平等要求，包含着启蒙思想的因素，是中国文化现代转型的先声。

35. 龚自珍

龚自珍（1792—1841 年）原名巩祚，字璱人，号定庵，浙江仁和（今杭州）人。他自幼学习儒学，曾跟从外祖父、著名儒学家段玉裁学习文字学，后转而研究经世学问和今文经学，擅长诗词文章。他于道光九年（1829 年）中进士，历官内阁中书、礼部主事、宗人府主事等；道光十九年（1839 年）辞官南下；道光二十一年（1841 年）逝于丹阳云阳书院。

龚自珍一生以“经世致用”为目的，开了晚清一代“议政”风气，他试图把士大夫阶层从书斋经卷中拉向社会现实，系统地提出了以社会批判论和社会改革论为核心的社会思想。对他思想影响最大的，是今古文家刘逢禄。刘逢禄专治《公羊》，龚自珍一见而喜，而弃其所学而学之。这是龚自珍学习方向上的一个变化。他开始深入研究历史，提出了著名的“古史钩沉论”，认为史官之所以可尊，在于其站得高、看得远，可做客观的、公正的现实政治社会批判。他尊史的目的就是对现实社会问题即“当今之务”作全面的批判。

龚自珍还反对儒家传统的“圣人”创造文化的观点，认为礼、乐、刑法等人类文化是为了适应社会管理的基本需要，循着“自下而上”的路径发展起来的，而不是由圣人“自上而下”地创造出来的。

36. 张之洞

张之洞（1837—1909 年），字孝达，号香涛、香岩，又号壹公、无竞居士，晚年自号抱冰，直隶南皮（今河北南皮）人，清朝洋务派代表人物之一，其提出的“中学为体，西学为用”，是对洋务派和早期改良派基本纲领的一个总结和概括。

张之洞的经济思想在当时是比较领先的，但在其儒学成就中，教育方面是最突出的，其兴学育才思想及实践占有十分重要的地位。

（1）改革传统书院

早在张之洞担任学政时，他便对传统的教育进行改革，提倡经世致用的“实学”，强调以通读史经为学习的主要内容。具体的举措主要是改革传统的教育机构，以湖北的经心书院和四川的尊经书院为代表。

清代的传统教育机构主要是学寓与书院，乾嘉以后，由于经费不足，教官失职，不少地方学寓逐渐停废，书院成为主要教育机构。但这些书院大多数只是考课，没有讲学色彩，与经世致用学问脱节。为此，张之洞开始重视引导书院讲求实学，注重经世致用。

张之洞还一反旧式办学方针，对书院课程设置、教学方法等加以改革，严格考试制度和考试程序，使书院处于一种竞争奋进的学习环境中。

（2）书院改革与新式学堂并行

在改革传统教育的同时，张之洞开始认识到“西学”的重要性，并着手试办以西学为主的新式学堂。书院改革以两湖书院为代表，开办的新式学堂以自强学堂为代表。

1890年，张之洞在都司湖经心书院旧址，创办了两湖书院。书院学生定额240人，湖南、湖北各100人，特定商籍40人，开设“经学、史学、理学、文学四门”，宗旨是培养“出为名臣，处为名儒”之才。两湖书院从一个传统的书院演变成一所新式学院。

1893年，他又以“治书以培植人才为本，经济达时务为先”，创办自强学堂，在武昌城内购地修建。自强学堂分方言、格致、算学、商务四科，分科教授，“由浅入深，循序渐近，不尚空谈，务求实用”。

（3）学制改革

甲午战争后，张之洞逐步形成了一套比较系统的近代教育思想，并认识到建立新学制的重要性。担任湖广总督之后，张之洞在湖北大规模兴办新式教育——实业教育、师范教育和国民教育。这些新式教育活动使其教育强国的构想在推动中国教育近代化过程中起了重要作用。

张之洞是中国教育近代化的奠基人，其伟大的教育思想，为国家培养了大批人才。诚然，其教育理论带有“宣扬忠君，维持清朝统治”的封建色彩，但他能看到西方文化的长处，取之于西方，用之于中国，亦足见其不凡。

37. 康有为

康有为（1858—1927年），又名祖诒，字广厦，号长素，又号明夷、更牲、西樵山人等。晚年别号天游化人，广东南海人，人称“康南海”。清光绪年间进士，官授工部主事，近代著名政治家、思想家、社会改革家。他出身于士宦家庭，是广东望族，世代为儒，以理学传家。

康有为对传统儒学进行改造和重构，其主要途径之一，就是援西入儒，融合中西，赋予儒学以新的内涵。

（1）仁

康有为非常重视“仁”，在他用心构筑的儒学殿堂中，仁居于核心地位。康有为有关仁的论说林林总总，内容极其丰富，他认为：第一，仁是宇宙万物的本体；第二，仁为不忍人之心；第三，仁含有资产阶级人道主义精神；第四，仁与三世进化的密切联系。在康有为的思想中，他以传统仁学与西方人道主义为主体构筑起的新仁学，几乎无所不在，无所不能。

（2）礼

清代学者十分重视研治《礼》经，受此风气影响，康有为一直较为重视《礼》的研究。他早年所著《教学通义》，专辟礼学一节，就礼学历史条分缕析，并较为详细地拟定出按《通考》之例编纂《礼案汇编》的计划，并终于在《礼运注》、《孟子微》等著作中对礼学作了不同于前人的诠释。

在学术传授谱系上他把《礼》与荀子相联系，并赋予礼以“乱世”的内涵。继而，他又发现《礼记·礼运》中包含有完整的圣人之道。康有为明确把大同小康之道寓于《礼运》之中，应当说是他在经学思想史上的一大贡献。

《礼运》作为一篇古代儒学文献，长期以来并未受到重视，直到康有为的《礼运注》问世，它才继“四书”中《中庸》、《大学》之后，从《礼记》中独立出来，从而被单独作为一篇重要经典引起世人关注。

（3）智

中国儒家传统重道德伦理而轻科学认知，“智”一直位居“仁”、“义”、“礼”之后，居于辅从地位，把智看作是仁道实现的手段之一。康有为所讲的“智”包括以下三层含义：

第一，以智为重，仁智并举。康有为认为智的重要性高于义、礼，应当与仁并立。首先，智是人之为人、区别于禽兽的标志。其次，重智代表中国社会的演化方向。再者，重智是当今世界的大势所趋。

第二，广开民智。开民智是维新思想家们的共识，梁启超、严复等人都曾力加倡导，但表达方式则各具特色。相比较而言，康有为的宣传更注重与儒家文化相结合。与孔子视人的聪明智慧为先天所生不同，康有为强调后天的学而知之，认为广大普通民众通过学习也可以成为聪睿之士。这就打破了孔子“唯上智与下愚不移”对人们思想的禁锢。

第三，智学以西学为基础，尤注重物质之学。康有为要以西学为基础建立智学。这个智学的中心不是文、史、哲等人文学科，而是农工商财、天文地理、物理化学等格致之学，即中国传统的经世实用之学。

可见，康有为所讲智学的内容是一以贯之的。

除仁、礼、智外，康有为的儒学思想还有诸如：其大同思想，即是糅合西方空想社会主义与传统儒家大同思想的产物；其“心学”，非通常意义上的陆王心学，而是以孟子思想为基础而加入近代民主思想后的混合物。

从当时的社会发展看，康有为对儒学的近代阐释如同双刃利剑，无论是对他本人，还是对中国社会的历史进程而言，都带来了正负两种不同的影响。

38. 梁启超

梁启超（1873—1929 年），字卓如，号任公，别号饮冰室主人，广东新会人，近代著名资产阶级改良主义政治活动家、政论家、思想家、史学家。

（1）人物生平

梁启超于光绪十五年（1889 年）举于乡，后师事康有为。1895 年参加康有为发起的“公车上书”活动，倡言变法维新，时人并称“康梁”。1896 年在上海主办《时务报》，先后发表《变法通议》、《古议院考》、《论君政民政相嬗之理》等重要文章，系统地宣传变法维新思想。1897 年他主讲湖南时务学堂，提倡民权、平等、大同之说，发挥“保国、保种、保教”之义。1898 年，他被光绪皇帝召见，奉旨以六品衔办译书局事。戊戌政变后，他逃亡日本，先后创办《清议报》、《新民丛报》，发表《新民说》、《论中国学术思想变迁之大势》等论著，大力宣传资产阶级思想。辛亥革命后，他以立宪党为基础，组成进步党，拥护袁世凯，出任司法总长。1916 年，袁世凯恢复帝制，他又和蔡锷组成反袁“护国军”，此后成为依附北洋军阀的政客，曾把国民协进会、共和建设讨论会合并组成了民主党。接着，他组织了宪法研究会，出任段祺瑞内阁的财政总长。1918 年，欧战结束，出国游历。1920 年回国后，任清华大学导师，组织共学社、讲学社，创办《解放与改革》杂志，提倡唯心主义与社会改良主义。晚年在清华研究院讲学。

（2）进化论

梁启超早年受达尔文进化论的影响，认为宇宙间的一切事物都是不断变化的，因此“变”是天下古今之“公理”。鉴于国际形势，他认为国家的治法是非变不可的。他的这种议论，为变法维新提出了重要理论根据，在当时起到了振聋发聩的作用。

（3）新史学理论

梁启超把进化文化教育应用于历史研究领域，形成了他的新史学理论，明确地批判了中国古代从孟子以来的“治乱相嬗”的历史循环论，认为社会历史的进化并非是直线前进的，而是螺旋式上升的。梁启超的进化史观，在当时曾产生过十分积极的影响。

梁启超思想还受到传统儒学“陆王心学”，特别是王阳明学说的影响。在他看来，只有“心”才是实有的。

梁启超学识渊博，著述涉及政治、经济、哲学、历史、语言、宗教、文化艺术、文字音韵等方面，倡导文体改良的“诗界革命”、“小说革命”，所作政论文，流利畅达，感情奔放，颇具特色。

39. 刘师培

刘师培（1884—1920年），字申叔，号左庵，江苏仪征人，晚清学者，经学家。

刘师培于光绪二十八年（1902年）中举人，次年会试受挫，在归途中结识章太炎，受章太炎影响，赞成“光复”，改名为光汉。他曾担任《警钟日报》、《国粹学报》的撰述，宣传“排满革命”。辛亥革命后，加入“筹安会”，拥护袁世凯称帝。1917年蔡元培任北京大学校长，聘其为中国文学门教授。1919年他主编《国故》月刊，反对新文化运动，1920年因肺病死于北京大学。

刘师培的经学研究，渊源于其家学传统。其曾祖刘文淇、祖父刘毓崧、伯父刘寿曾，世居江苏仪征，都是乾嘉汉学传统的知名学者，以三世相续共注一部《春秋左氏传》而著称。刘师培从小饱读经书，8岁就掌握了《周易》的变卦方法。他继承刘氏世代研究《左传》的家学，先后撰述了《左传一地二名考》、《官制异同考》，对南北朝的经学形成、汉代经学与宋代经学的异同、清代经学得失以及控经学的发展都作了有益的探讨。他的《经学教科书》也颇有影响，书首述经学源流，后以时代先后秩序分经学为四派，再以专经为系列。

刘师培作为近代经学名家，他的研究具有新的特点。1903年至1907年间，当刘师培置身于革命阵营的时候，他的经学研究宣传的是资产阶级民主，力图证明封建君主的不合理，论证推翻清朝统治，建立资产阶级民主共和国的必要性。

刘师培一生著作不少，这些著作收录在钱玄同编辑的《刘申叔先生遗书》中。

40. 熊十力

熊十力（1885—1968 年），原名继智、升恒、定中，号子真（一作子贞），晚年又号漆园老人、典岗逸翁，湖北黄岗人，中国近现代哲学家，新儒家的早期代表人物之一。

熊十力少时因家庭困迫，曾为人牧牛，随掌教私塾的父亲听讲“四书五经”。他 11 岁丧父，随长兄亦耕亦读。16 岁时他曾在父亲之友何圣木处读书半年，此后全靠勤奋自学，受王夫之、顾炎武书感召，决意不事科举。18 岁时他到武昌参军，参加了辛亥革命，后追随孙中山参加护法战争。随后他弃政向学，走入学术研究之途，探讨中国古典哲学和印度哲学。

1920 年，经梁漱溟介绍，熊十力进入南京支那内学院钻研佛学两年；1922 年，应蔡元培之邀到北京大学任讲师；1923 年开始写作《新唯识论》，前后四易其稿；1932 年出版文言文本《新唯识论》，接着又发表了《破〈破新唯识论〉》、《佛学名相通释》。抗日战争时期，他避难于四川，曾讲学于马一浮主办的乐山复性书院、梁漱溟主办的北碚勉仁书院和武汉大学。1947 年他返回北京大学，1948 年赴浙江大学做短期讲学，次年到广州直至解放。1950 年初他到北京，任北大教授，并为中国人民政治协商会议特邀代表，参加了第二、三、四届中国人民政治协商会议委员会，此后出版了《论六经》、《原儒》、《体用论》、《明心篇》、《乾坤衍》等著作。

熊十力在儒家哲学、佛教哲学、中国思想文化史等方面均有很大建树，特别是在重建新儒学和儒家哲学本体论方面贡献颇多。其哲学思想以儒为宗，糅合佛学，发挥了《周易》哲学、宋明理学中的“陆王心学”，建立起了自己的“新唯识论”体系。他认为哲学的大旨在于穷究本体，宇宙万物是本体流行的迹相，本体并非是离开本心的外在境界，所以“天地万物皆吾一体”。

熊十力的哲学对儒家思想发展有重大的影响，牟宗三、唐君毅、徐复观等当代儒学大家，均出于熊十力之门。

41. 梁漱溟

梁漱溟（1893—1988 年），原名焕鼎，字寿铭、萧名、漱溟，广西桂林人，中国现代思想家，现代新儒家的早期代表人物之一。

梁漱溟有“最后的儒家”之美誉，他原是元朝宗室贴木儿的后裔，出身于“世代诗礼仁宦”家庭，早年颇受其父梁济影响，青年时代又一度崇信康有为、梁启超的改良主义思想。辛亥革命时期，他参加了同盟会京津支部，曾热衷于社会主义，著《社会主义粹言》小册子，宣传废除私有财产制。20 岁起梁漱溟潜心于佛学研究，几度自杀未成，经过几年的沉潜反思，重起追求理想的热情，又逐步转向了儒学。1918 年，受蔡元培之聘任北京大学讲师，后升为教授，发表《东西文化及其哲学》一书，阐发其“东方精神文明论”和新儒家思想，在学术界颇有影响。

梁漱溟自称“是一个有思想，又且本着他的思想而行动的人”。1924 年，他辞去北大教职，到山东菏泽办高中，又创办了山东乡村建设研究院，发表《中国民族自救运动之最后觉悟》、《乡村建设大意》、《乡村建设理论》等著作，推行乡村建设运动。抗日战争爆发后，他开始参加抗战活动，曾在重庆北碚办勉仁书院。1940 年，梁漱溟参加并发起“中国民主同盟”，次年赴香港办《光明报》，为“民盟”言论机关。1946 年，他参加了重庆政治协商会议，并代表“民盟”参与国共两党的和谈。中华人民共和国成立后，他从四川北上，出任中国人民政治协商会议委员。1955 年，由于批评当时的农民政策等，遭到政治批判。此后主要在家从事理论研究，发表了《人心与人生》、《东方学术概观》等著作。20 世纪 80 年代后期，90 多高龄的他仍著文、演讲，继续宣传他的中国传统文化复兴思想。

关于梁漱溟的学术思想，他自称是“中国儒家、西洋派哲学和医学三者，是我思想所从画之根柢”。他把孔子、孟子、王阳明的儒家思想，佛教哲学和西方柏格森的“生命哲学”糅合在一起，把整个宇宙看成是人的生活、意欲不断得到满足的过程，提出以“意欲”为根本，又赋予中国传统哲学中“生生”概念以本体论和近代生物进化论的意义。

42. 钱穆

钱穆（1895—1990 年），字宾四，江苏无锡人，中国现代历史学、思想文化史家，现代新儒家的代表之一。

钱穆 9 岁入私塾，熟习中国的传统文献典籍；13 岁入常州府中学堂学习。1913—1919 年他任小学教员；1923 年后，曾在厦门、无锡、苏州等地任中学教员；1930 年以后，历任燕京、清华、四川、齐鲁、西南联大等大学教授，也曾任无锡江南大学文学院院长。1949 年他迁居香港，创办了新亚书院，任院长，从事教学和研究工作至 1964 年退休为止，期间曾获得香港大学、美国耶鲁大学名誉博士称号。1966 年，钱穆移居台北市，1990 年 8 月在台北逝世。

钱穆是完全靠自修苦读而在学术界确立地位的学者。其治学颇受清儒章学诚“六经皆史”思想的影响。对中国历史尤其是对中国历代思想家及其思想源流的研究和考辨，均自成一家之言。他提出，先秦时期，儒、墨二家是后来诸子各派的发端，由此分源别派，旁通四达，互为中国古代文化的源流。他在儒学方面的研究成果非常突出，如：认为司马迁的《史记·孔子世家》真伪混杂，次序颠倒，后世传说亦不可轻信，遂详细考辨孔子的生平事迹，以及孔子的政治活动和著述等，具有很高的学术价值；又对晚清今文经学家如廖平、康有为等认定刘歆伪造古文经一事，撰《刘向歆父子年谱》，以令人信服的证据否定了今文经学家的观点。此外，钱穆对宋明理学尤其是朱熹之学、对清代学术尤其是乾嘉学派等，都有很深的研究。钱穆自称其一生都被困在中西文化的争论中，而其为学宗旨简单守旧。

晚年的钱穆偏重于文化哲学的研究，并就中西文化问题做了深入的思考，在其一生的最后一篇文章《中国文化对人类未来可有的贡献》中，对中国传统哲学的“天人合一”思想有了新的体认，并“深信中国文化对世界人类未来求生存之即在此”。

钱穆一生著作很多，其中重要者有：《先秦诸子系年考辨》、《国史大纲》、《两汉经今古文平议》、《庄子纂笺》、《庄老通辨》、《中国近三百年学术史》、《中国文化史导论》等。

43. 冯友兰

冯友兰（1895—1990 年），字芝生，河南唐河人，中国现代哲学家，现代新儒家的早期代表人物之一。

冯友兰于 1912 年考入上海中国公学大学顶科部，开始对逻辑学产生兴趣，由此激发了他学习哲学的志向。1915 年他考入北京大学哲学系，在校期间主要研习中国哲学。1919 年他考取公费留学生资格，入美国哥伦比亚大学研究院攻读哲学专业。当时，很多美国著名实用主义哲学家都在该校任教，冯友兰受他们的影响很深。回国后，冯友兰曾先后在中州大学（今河南大学）、广州大学等校任教，1926 年又到燕京大学任教授。之后，他历任清华大学教授兼系主任、清华大学秘书长、文学院院长、校务会议代主席等职。在此期间，他完成了两卷本的《中国哲学史》。抗日战争时期，他担任西南联大教授兼文学院院长，完成了“贞元六书”即《新理学》、《新书论》、《新原人》、《新世训》、《新原道》《新知言》。1952 年起，冯友兰开始担任北京大学哲学系教授，中国科学院学部委员，第二、三、四届全国政协委员，第六、七届全国政协常委，第四届全国人大代表，又分别获得美国普林斯顿大学、印度德里大学所授予的名誉博士学位。

冯友兰治学早期受陆王心学和美国杜威实用主义哲学影响，中年以后转向程朱理学和英国罗素哲学。20 世纪 30 年代他发表的《中国哲学史》，采用黑格尔的方法研究中国哲学史。他以后的研究兴趣从中国哲学史转向中国哲学，直至确立了自已的“新理学”哲学思想体系。他认为中国传统哲学主流即“极高明而中庸”的传统，讲求一种“天地境界”（即最高境界），而又不脱离人伦日用之常。中国哲学的这种传统是由孔、孟开端，中经先秦的道家、魏晋的玄学、唐代的禅宗，至宋代的程朱理学而集其大成。他强调“新理学”哲学体系宗旨就是“继往开来”而建立起“新统”，并视之为儒学和中国哲学现代化的一条途径。从重建儒家哲学形而上学这一点来说，冯友兰是继熊十力之后现代新儒家阵营中一个重要人物，他直接吸收了西方现代哲学的逻辑分析方法来重建儒家的本体论哲学，因此也是第一个完整吸收西方哲学来创立思想体系的哲学家。

中华人民共和国成立后，冯友兰努力学习和运用马克思主义的观点、方法，继续从事中国哲学史的研究，从阶级的观点和民族的观点统一分析和评价中国的传统思想文化。他认为从阶级的观点看，孔子“在当时基本上是个反对社会前进、阻碍历史发展的思想家”，“但从民族的观点看，孔子后来成为中国封建社会在思想、文化方面的最高代表、‘至圣先师’”，孔子的形象和言论，在中华民族形成的过程中起了很大的积极作用。

冯友兰的著作除以上所提到的之外，另有《人生哲学》、《中国哲学史补》、《中国哲学小史》、《中国哲学史史料学初编》、《中国哲学史新编》等多部。

44. 唐君毅

唐君毅（1909—1978 年），四川宜宾人，中国现代学者，哲学家、哲学史家，现代新儒家的代表人物之一。

唐君毅出身书香门第，幼承庭训，接受过良好的儒学教育，曾就读于中俄大学、北京大学、中央大学哲学系。他在青年时代颇受梁启超、梁漱溟、熊十力学术的影响。他曾任教于华西大学、中央大学、金陵大学，当过江南大学教务长。1949年起在香港，唐君毅与钱穆、张丕介等创办新亚书院，并兼任教务长、哲学系主任等职。1963年香港中文大学成立，唐君毅受聘为该校首任文学院院长和哲学讲座教授，1967年任新亚研究所所长。

唐君毅学识渊博，学贯中西，对中、西、印哲学思想无不尽心钻研，尤用力于中、西、印三大文化传统中所体现的人文精神。他主张以“道德自我”的观念立论，通过人生体验、文化意识和道德理性的探索，来考察和反思中国传统文化的价值和精神。他认为应该在哲学体系的基础上，由“道德自我”而扩大为人的生命主体及整个心灵的活动，用以涵盖一切知识与学术文化，建立一个以儒家形而上为核心的、更为广大和融通的哲学体系。他以黑格尔精神现象学为理论基础，吸收佛学的“唯识无境”的思想，提出了“心通三向九境”说。

他认为，中国文化的基本精神是以儒家孔孟的精神为枢纽而形成的，是“依天道以立人道，而使天德流行于人性、人伦、人文之精神仁道”；而以仁为核心的中国文化，始终具有无限的统摄性和宽容性。他不同意“经近百年来中西文化的冲突，中国文化已经全线崩溃”的观点，提出应以中国文化为主，吸收和统摄西方文化的精神。唐君毅一生著作甚丰，主要有：《道德自我之建立》、《心物与人生》、《人文精神之重建》、《中国文化之精神价值》、《中国人文精神之发展》、《哲学概论》等。

45. 牟宗三

牟宗三（1909—1995年），字离中，山东栖霞人，中国现代哲学家、哲学史家，现代新儒家的重要代表人物之一。

牟宗三于1927年考入北京大学预科，两年后升入哲学系。1933年毕业后，他曾先后在华西大学、中山大学、金陵大学、浙江大学等校任教，以讲授逻辑学和西方哲学为主。1949年他任教于台北师范大学、台湾东海大学，讲授逻辑、中国哲学等课程。1960年他到香港，任教于香港大学、香港中文大学新亚书院，主讲中国哲学、康德哲学等。1974年退休后，他专任新亚研究所教授。1976年讲学于台湾大学哲学研究所等。1995年4月病逝于台北。

牟宗三是被人称为最具“原创性”的“智者型”哲学家，他的思想受熊十力的影响很大，他不仅继承而且发展了熊十力的哲学思想。自言为学经历三个阶段：30至40年代为第一阶段，主要从事逻辑学、知识论和康德知性哲学研究；50年代为第二阶段，研究重心转移至中国历史文化及中国文化的出路问题；60年代为第三阶段，又转而从头疏解中国传统的儒、佛、道三家之学，尤重于宋明理学的研究。此后，牟宗三较多地着力于哲学理论方面的专研，谋求儒家哲学与康德哲学的融通，并力图重建儒家的“道德的形上学”。

牟宗三把历史上的儒家思想作为中国传统文化的主干，在儒家中则又判定孔、孟、陆、正为“正脉”，认为儒学就是“身心性命”之精华，而其他则都是所谓的“歧出”。他对宋明理学有比较深入的研究，并一反传统的程朱理学和陆王心学的区分。其论学以《中庸》、《易传》、《论语》、《孟子》为主。

牟宗三一生勤于笔耕，著作等身，其中重要的有《认识心之批判》、《历史哲学》、《道德的理想主义》、《政道与治道》等。

第四章

儒家的经典著作

天下之事，不进则退，无一定之理。

——《近思录·治体类》

1.《诗经》

《诗经》是我国第一部诗歌总集，收录了从西周初年至春秋中叶500多年的诗歌311篇，又称《诗三百》。先秦称为《诗》，或取其整数称《诗三百》。西汉时被尊为儒家经典，始称《诗经》，并沿用至今。

《诗经》共分“风”、“雅”、“颂”三个部分。其中“风”包括“十五国风”，有诗160篇；“雅”分“大雅”、“小雅”，有诗105篇；“颂”分“周颂”、“鲁颂”、“商颂”，有诗40篇。这些诗当初都是配乐而歌的歌词，保留着古代诗歌、音乐、舞蹈相结合的形式，但在长期的流传中，乐谱和舞蹈失传，就只剩下诗歌了。

(1)《诗经》的编集

关于《诗经》的编集，汉代有三种说法：

行人采诗说。《诗经》305篇的韵部系统和用韵规律和诗歌形式基本上是一致的，而它包括的时间长、地域广，在古代交通不便、语言互异的情况下，如果不是经过有目的的采集和整理，要产生这样一部诗歌总集是不可想象的。因而采诗说是可信的。

孔子删诗说。唐代孔颖达、宋代朱熹、明代朱彝尊、清代魏源等人对此说均持怀疑态度。《诗经》大约成书于公元前6世纪，而此时孔子尚未出生；公元前544年吴国公子季札至鲁国观乐，鲁乐工为他所奏的风诗次序与今本《诗经》基本相同，说明那时已有了一部《诗》，此时孔子年仅8岁。因此近代学者一般认为删诗说不可信。

诸侯百官献诗说。在周代的时候公卿列士献诗、陈诗，以颂美或讽刺，是有史籍考证的。当时因为天子为了“听政”和“考其俗尚之美恶”，而命诸侯百官献诗。

（2）《诗经》的体例分类

《诗经》所录，均为曾经入乐的歌词。《诗经》的体例是按照音乐性质的不同来划分的，分为“风”、“雅”、“颂”三类。

“风”，是不同地区的地方音乐，多为民间的歌谣。“风”诗是从周南、召南、邶、鄘、卫、王、郑、齐、魏、唐、秦、陈、桧、曹、豳等15个地区采集上来的土风歌谣，共160篇，大部分是民歌。根据十五国风的名称及诗的内容大致可推断出诗产生于现在的陕西、山西、河南、河北、山东和湖北北部等。

“雅”，即朝廷之乐，是周王朝直辖地区的音乐，大部分为贵族的作品，即所谓正声雅乐。“雅”诗是宫廷宴享或朝会时的乐歌，按音乐的不同又分为《大雅》31篇，《小雅》74篇，共105篇。除《小雅》中有少量民歌外，大部分是贵族文人的作品。

“颂”，是宗庙祭祀的乐歌和史诗，内容多是歌颂祖先的功业的。“颂”诗又分为《周颂》31篇，《鲁颂》4篇，《商颂》5篇，共40篇，全部是贵族文人的作品。从时间上看，《周颂》和《大雅》的大部分当产生在西周初期；《大雅》的小部分和《小雅》的大部分当产生在西周后期至东迁时；《国风》的大部分和《鲁颂》、《商颂》产生于春秋时期。从思想性和艺术价值上看，三颂不如二雅，二雅不如十五国风。

（3）《诗经》的思想内容

《诗经》全面展示了中国周代时期的社会生活，真实地反映了中国奴隶社会从兴盛到衰败时期的历史面貌。

其中有些诗记载了后稷降生到武王伐纣，是周部族起源、发展和立国的历史叙事诗。有些诗以冷嘲热讽的笔调形象地揭示出奴隶主贪婪成性、不劳而获的寄生本性，唱出了人民反抗的呼声和对理想生活的向往，显示了奴隶制崩溃时期奴隶们的觉醒。有些诗写征夫思家恋土和对战争的哀怨，有些诗表现了思妇对征人的怀念，它们从不同的角度反映了西周时期不合理的兵役制度和战争徭役给人民带来的无穷痛苦和灾难。有些诗刻画了妇女们采集车前子的劳动过程，还有不少诗表现了青年男女的爱情生活及阶级社会中广大妇女的悲惨命运。

2.《尚书》

《尚书》原称《书》，到汉代改称《尚书》，意为上代之书。《尚书》在作为历史典籍的同时，向来被文学家和史学家称为我国最早的散文总集，是和《诗经》并列的一个文体类别。但这本散文之中，以今天的标准来看，绝大部分应属于当时官府处理国家大事的公务文书，确切地讲，它应是一部体例比较完备的官方史书。

（1）《尚书》真伪之辨

关于《尚书》的真伪、聚散，极其复杂曲折。

汉人传说先秦时《书》有100篇，其中《虞夏书》20篇，《商书》、《周书》各40篇，每篇有序，题孔子所编。《史记·孔子世家》也说到孔子修《书》。但近代学者多以为《尚书》编定于战国时期。秦始皇焚书之后，《书》多残缺。今存《书序》，为《史记》所引，约出于战国儒生之手。汉初，《尚书》存29篇，为秦博士伏生所传，用汉时隶书抄写，被称为《今文尚书》。西汉前期，相传鲁恭王拆孔子故宅一段墙壁，发现另一部《尚书》，是用先秦六国时字体书写的，所以称《古文尚书》，它比《今文尚书》多16篇，孔安国读后献于皇家。因未列于学官，《古文尚书》未能流通。东晋元帝时，梅颐向朝廷献上伪《古文尚书》，这部《古文尚书》比《今文尚书》多出25篇，又从《今文尚书》中多分出5篇，而当时今文本中的《秦誓》篇已佚，所以伪古文与今文合共58篇。唐太宗时，孔颖达奉诏撰《尚书正义》，就是用古今文真伪混合的本子。南宋吴棫以后，对其中真伪颇有疑议。明代梅赜作《尚书考异》，清代阎若璩著《古文尚书疏证》等，才将《古文尚书》和孔安国《尚书传》乃属伪造的性质断实。

（2）《尚书》的内容

《尚书》所录为虞、夏、商、周各代文献。其中虞、夏及商代部分文献是据传闻而写成，不尽可靠。“典”是重要史实或专题史实的记载；“谟”是记君臣谋略的；“训”是臣开导君主的话；“诰”是勉励的文告；“誓”是君主训诫士众的誓词；“命”是君主的命令。《尚书》中还有以人名标题的，如《盘庚》、《微子》；有以事为标题的，如《高宗肜日》、《西伯戡黎》；有以内容为标题的，如《洪范》、《无逸》。这些都属于记言散文。也有叙事较多的篇章，如《顾命》、《尧典》等，其中的《禹贡》，托言夏禹治水的记录，实为古地理志，与全书体例不一，当为后人的著述。自汉以来，《尚书》一直被视为中国封建社会的政治哲学经典，既是帝王的教科书，又是贵族子弟及士大夫必遵的“大经大法”，在历史上很有影响。

（3）《尚书》的文学价值

就文学而言，《尚书》是中国古代散文形成的标志。据《左传》等书记载，在《尚书》之前，有《三坟》、《五典》、《八索》、《九丘》，但这些书都没有传下来，《汉书·艺文志》已不见著录。《尚书》中文章，结构渐趋完整，有一定的层次，已注意在谋篇上用功夫。后来春秋战国时期散文的勃兴，是对它的继承和发展。秦汉以后，各个朝代的制诰、诏令、章奏之文，都明显受它影响。刘勰《文心雕龙》在论述“诏策”、“檄移”、“章表”、“奏启”等文体时，也都溯源到《尚书》。《尚书》中部分篇章有一定的文采，如《盘庚》三篇，是盘庚动员臣民迁殷的训词，语气坚定、果断，显示了盘庚的目光远大。此外，《尧典》、《皋陶谟》等篇中，还带有神话色彩，或于篇末缀以诗歌。由于《尚书》所含的内容基本上是誓、命、训、诰一类的言辞，因此，其在语言方面被后人认为“佶屈聱牙”，古奥难读，但也有少数文字比较形象、朗畅。而实际上历代散文家都从中取得一定的借鉴。

历来注释和研究《尚书》的著作很多，有唐朝孔颖达的《尚书正义》，宋朝蔡沈的《书集传》，清朝孙星衍的《尚书今古文注疏》等。

3.《仪礼》

《仪礼》是中国古代记载古代礼仪制度的著作，简称《礼》，亦称《礼经》,《士礼》，与《周礼》、《礼记》合称“三礼”。

（1）《仪礼》的成书及流传

《仪礼》文字艰涩，内容枯燥，治史者对它望而生畏。但该书是“三礼”中成书较早的一部，据考古材料及古文献所知，商、周统治者有名目繁多的典礼，其仪节日益繁缛复杂，非有专门职业训练并经常排练演习者，不能经办这些典礼。儒生掌握的可能是创行于西周并在春秋以后更加通用的各种仪节单，经不断排练补充，整齐厘订，成为职业手册。他们要为天子、诸侯、士大夫举行各种不同的礼，因此保存的仪节单很多，曾有“礼仪三百，威仪三千”的记载。但传到汉代只剩了17篇，包括冠、婚、丧祭、朝聘、射乡五项典礼仪节，由高堂生作为专供士大夫阶层施行的“士礼”传授，称作《礼经》，为“五经”之一。

汉宣帝时，以戴德、戴圣、庆普三家所传习的《礼经》立于学官，当时属今文经。不久在鲁境又出现《礼古经》，其除原有17篇外，多“逸礼”39 篇，但未传下。

今文经传至西汉末，有戴德、戴圣、刘向三个篇次不同的本子。汉末郑玄用刘向接尊卑吉凶次序编排之本作注，并记明今古文之异同。现今只有此本传下。

(2)《仪礼》的篇章结构

按照郑玄注本的篇次，17 篇内容如下：

第一篇士冠礼：古代贵族子弟到了 20 岁，可以作为本族一个正式成员，为此而特别举行一种加冠典礼，从而使本人和宗族都明确认定他已成人，人生的一个崭新的重要的阶段开始了。这篇礼文记载了这项礼节的详细经过。

第二篇昏礼：古代贵族把结婚看成为上事宗庙、下继后世的神圣责任，这篇礼文就是记载男女双方在家长主持下，从纳采到婚后庙见的一系列礼仪。

第三篇士相见礼：这篇礼文是记载贵族与贵族第一次交往，带着礼物登门求见和对方回拜的礼节。

第四篇乡饮酒礼：这篇礼文记载的是古代基层行政组织定期举行的以敬老为中心的酒会仪式。

第五篇乡射礼：这篇礼文记载的是古代基层行政组织定期举行的射箭比赛大会的具体仪节。

第六篇燕礼：这篇记载的是诸侯和他的大臣们举行酒会的详细礼节，酒会上有宫廷艺术家的演奏和歌唱。

第七篇大射礼：这篇记载的是在国君主持下举行的射箭比赛大会的具体仪节，参加比赛大会的人都是各级贵族。

第八篇聘礼：这篇记载的是国君派遣大臣到他国进行礼节性访问的具体细节。

第九篇公食大夫礼：这篇记载的是国君举行宴会招待来访外国大臣的礼节。

第十篇觐礼：这篇记载的是诸侯朝见天子的礼节。

第十一篇丧服：这篇记载的是人们对死去的亲属，根据亲疏远近而在丧服和服期上有种种差别的制度。

第十二篇士丧礼、第十三篇既夕：这两篇记载的是一般贵族从死到埋葬的一系列的详细仪节。

第十四篇士虞礼：这篇记载的是一般贵族埋葬其父母后，回家所举行的安魂礼。

第十五篇特牲馈食礼：这篇记载的是一般贵族定期在家庙中祭祀祖祢的礼节。

第十六篇少牢馈食礼、第十七篇有司彻：这两篇记载的是大夫一级的贵族在家庙中祭祀祖祢的礼节。

尽管《仪礼》17 篇所记仪节制度，远远不能满足后世统治阶级的需要，然而各朝礼典的制定，大都以《仪礼》为重要依据而踵事增华，可见其影响力和重要历史价值。

4. 《周易》

《周易》是我国文化的源头，它的内容极其丰富，对中国几千年来的政治、经济、文化等各个领域都产生了极其深刻的影响。无论孔孟之道、老庄学说，还是《孙子兵法》，抑或是《黄帝内经》，无不和《周易》有着密切的联系。

《周易》在西汉时期就被列为六经之首，在我国文化史上享有最崇高的地位。秦始皇焚书时亦不敢毁伤它。根据传说和后人的注释，《周易》的作者尚不能确切地认定。

《周易》研究被称为《易经》或“易学”，早就成为一门高深的学问。许多学者皓首穷经，考证训诂，留下了 3000 多部著作，蔚为大观。

经过历代演变，现今我们所见到的《周易》分为《经》和《传》两部分。《易经》主要是八卦和由八卦复合而成的六十四卦与三百八十四爻，有卦辞、爻辞为说明，做占卜用。《易传》是解释卦辞、爻辞的，共有十篇称为十翼。“翼”有辅助的意思，即辅助解释《易经》。十翼包括《彖传》上下、《象传》上下、《系辞传》上下、《文言传》、《说卦传》、《序卦传》和《杂卦传》。《周易》阴阳八卦学说中的象和数是指一些图形和数字。

《周易》包含的内容十分广泛，既含有哲学、文学、政治、历史、社会学、伦理学、美学、逻辑、法律、军事等社会科学的内容，也含有天文、历法、数学、音律、医学、生物等自然科学的内容。

《周易》的版本十分丰富，几乎各朝各代都有，流传至今的各种传本就约有3000余种。

5.《春秋》

《春秋》，又称《麟经》（《麟史》），是鲁国的编年史，经过孔子的修订，记载了从鲁隐公元年（前722年）到鲁哀公十四年（前481年）的历史，是中国现存最早的一部编年体史书。《春秋》一书的史料价值很高，但不完备。

在中国上古时期，春季和秋季是诸侯朝觐王室的时节。另外，春秋在古代也代表一年四季。而史书记载的都是一年四季中发生的大事，因此“春秋”是史书的统称。而鲁国史书的正式名称就是《春秋》。传统学说认为《春秋》是孔子的作品，也有人认为是鲁国史官的集体作品。

《春秋》中的文字非常简练，事件的记载很简略，但这242年间诸侯攻伐、盟会、篡弑及祭祀、灾异礼俗等，都有记载。它所记鲁国十二代的世次年代，完全正确，所载日食日期与西方学者所著《蚀经》比较，互相符合的有30多次，足以证明《春秋》并非古人凭空虚撰，可以定为信史。然而在长期的流传过程中，它在文字上难免有论脱增窜之类的问题。

《春秋》最初原文仅18000多字，现存版本则只有16000多字。在语言上极为精练，遣词井然有序。就因文字过于简质，后人不易理解，所以诠释之作相继出现，对书中的记载进行解释和说明，被称为“传”。其中左丘明《春秋左氏传》、公羊高《春秋公羊传》、穀梁赤《春秋穀梁传》合称“春秋三传”列入儒家经典。现《春秋》原文一般合编入《左传》作为“经”，《左传》新增内容作为“传”。据《汉书·艺文志》记载，为《春秋》作传者共五家：《左氏传》30卷；《公羊传》11卷；《穀梁传》11篇；《邹氏传》11卷；《夹氏传》11卷。其中后两种已经不存。

《公羊传》和《穀梁传》与《左传》有很大的不同。《公羊传》和《穀梁传》讲“微言大义”，希望试图阐述清楚孔子的本意，有人认为有些内容有牵强附会的嫌疑。《左传》以史实为主，补充了《春秋》中没有记录的大事，一些纪录和《春秋》有出入，有人认为《左传》的史料价值大于《公羊传》和《穀梁传》。

6.《论语》

《论语》是儒家学派的经典著作之一，由孔子的弟子及其再传弟子编撰而成。它以语录体和对话文体为主，记录了孔子及其弟子言行，集中体现了孔子的政治主张、论理思想、道德观念及教育原则等。

《论语》语言简洁精炼，含义深刻，其中有许多言论至今仍被世人视为至理。《论语》以记言为主，“论”是论纂的意思，“语”是话语、经典语句、箴言，“论语”即是论纂（先师孔子的）语言。《论语》成书是集体的功劳，记述者有孔子的弟子，有孔子的再传弟子，也有孔门以外的人，但以孔门弟子为主。

作为一部优秀的语录体散文集，它以言简意赅、含蓄隽永的语言，记述了孔子的言论。《论语》中所记孔子循循善诱的教诲之言，或简单应答，点到即止；或启发论辩，侃侃而谈，富于变化，娓娓动人。

《论语》又善于通过神情语态的描写，展示人物形象。孔子是《论语》描述的中心，书中不仅有关于他的仪态举止的静态描写，而且有关于他的个性气质的传神刻画。此外，围绕孔子这一中心，《论语》还成功地刻画了一些孔门弟子的形象，如子路的率直鲁莽、颜回的温雅贤良、子贡的聪颖善辩等等，都称得上个性鲜明，给人留下深刻印象。

《论语》成书于战国初期。因秦始皇焚书坑儒，到西汉时期仅有口头传授及从孔子住宅夹壁中所得的本子，计有：鲁人口头传授的《鲁论语》20篇，齐人口头传授的《齐论语》22篇，从孔子住宅夹壁中发现的《古论语》21篇。西汉末年，帝师张禹精治《论语》，并根据《鲁论语》，参照《齐论语》，另成一论，称为《张侯论》。东汉末年，郑玄以《张侯论》为依据，参考《齐论语》、《古论语》，作《论语注》，是为今本《论语》。《齐论语》、《古论语》不久亡佚。现存《论语》20篇，492章，其中记录孔子与弟子及时人谈论之语约444章，记孔门弟子相互谈论之语48章。

7.《孝经》

《孝经》是中国古代儒家的伦理学著作，全书共分18章。有人说是孔子自作，但南宋时已有人怀疑是出于后人之手。清代纪昀在《四库全书总目》中指出，该书是孔子“七十子之徒之遗言”，成书于秦汉之际。自西汉至魏晋南北朝，《孝经》注解者已经超过百家。现今流行的版本是唐玄宗李隆基注，宋代邢昺疏。

该书以“孝”为中心，比较集中地阐发了儒家的伦理思想。它肯定“孝”是上天所定的规范，“孝”是诸德之本；国君可以用“孝”治理国家，臣民能够用孝立身理家，保持爵禄。书中首次将孝亲与忠君联系起来，认为“忠”是“孝”的发展和扩大，并把“孝”的社会作用绝对化、神秘化，认为“孝悌之至”就能够“通于神明，光于四海，无所不通”。

《孝经》对实行“孝”的要求和方法也做了系统而烦琐的规定。它主张把“孝”贯串于人的一切行为之中，“身体发肤，受之父母，不敢毁伤”，是孝之始；“立身行道，扬名于后世，以显父母”，是孝之终。它把维护宗法等级关系与为封建专制君主服务联系起来，并按照父亲的生老病死等生命过程，提出“孝”的具体要求。

该书还根据不同人的等级差别规定了行“孝”的不同内容，天子之“孝”、诸侯之“孝”、卿大夫之“孝”、士阶层之“孝”和庶人之“孝”等等。

《孝经》把封建道德规范与封建法律联系起来，提出要借用国家法律的权威，维护封建的宗法等级关系和道德秩序。

《孝经》在唐代被尊为经书，南宋以后被列为《十三经》之一。在长期的封建社会中它一直被视作是“孔子述作，垂范将来”的经典，对传播和维护封建等级制度起了很大作用。

8.《周礼》

《周礼》是儒家经典，其著者是西周时期的著名政治家、思想家、文学家、军事家周公旦，其思想内容反映了儒家思想发展到战国后期，融合道、法、阴阳等家思想，与春秋孔子时的思想相比发生了不小的变化。

《周礼》所涉及的内容非常丰富，大至天下九州，天文历象；小至沟洫道路，草木虫鱼。凡邦国建制，政法文教，礼乐兵刑，赋税度支，膳食衣饰，寝庙车马，农商医卜，工艺制作，各种名物、典章、制度，无所不包，堪称为上古文化史之宝库。

（1）理想化的典制

《周礼》展示了一个完善的国家典制，国中的一切都井然有序，富于哲理。读后令人顿生“治天下如指之掌中”的感觉。例如《周礼》国都地点的选择，是通过“土圭”来确定的。土圭是一种测日影长短的工具。所谓“测土深”，是通过测量土圭显示的日影长短，求得“不东、不西、不南、不北”之地，也就是“地中”。而“地中”是天地、四时、风雨、阴阳的交会之处，也就是宇宙间阴阳冲和的中心。《周礼》以土圭测日影，在地中建王城，既是哲学寓意的需要，也是“体国经野”的需要。王者划分国野和野外之地，都以王城为中心。《周礼》的居民组织有两类：国都之外的四郊之地称为乡，郊外之地称为遂。

（2）人法天的思想

《周礼》的立意并非要实录某朝某代的典制，而是要为后世立法则。其作者希望通过此书表达自己对社会、对天人关系的哲学思考，全书的谋篇布局，无不受此左右。儒家认为，人和社会都不过是自然精神的复制品。战国时期，阴阳五行思想兴盛，学术界盛行以人法天之风，讲求人与自然的联系，主张社会组织仿效自然法则，而《周礼》作者正是“以人法天”思想的积极奉行者。《周礼》以天官、地官、春官、夏官、秋官、冬官等六篇为结构。天、地、春、夏、秋、冬即天地四方六合，就是古人所说的宇宙；六官即六卿，每卿统领60官职。所以，六卿的职官总数为360，而360正是一周天的度数。

在儒家的传统理念中，阴阳、五行是最基本的一对哲学范畴，天下万物，非阴即阳。《周礼》作者将这一本属于思想领域的概念，充分运用到了政治机制的层面，在书中几乎无处不在。

综上所述，《周礼》是一部以人法天的理想国的蓝图。

（3）对后世的影响

《周礼》的许多礼制，影响百代。如从隋代开始实行的“三省六部制”，其中的“六部”，就是仿照《周礼》的“六官”设置的。唐代将六部之名定为吏、户、礼、兵、刑、工，作为中央官制的主体，为后世所遵循，一直沿用到清朝灭亡。历朝修订典制，如唐《开元六典》、宋《开宝通礼》、明《大明集礼》等，也都是以《周礼》为蓝本，斟酌损益而成，等等。

《周礼》一书对治国思想的阐述，内容详尽，体系严谨，对于提升后世的行政管理思想，有着深远的影响。《周礼》提倡儒法兼融、德主刑辅的方针，不仅显示了相当成熟的政治思想，而且有着驾驭百官的管理技巧。其管理府库财物的措施，严密细致，相互制约，体现了高超的运筹智慧。书中有许多至今犹有生命力的、可以借鉴的制度。

《周礼》在理想化的框架之下，运用了大量历史材料加以填充，这是读《周礼》时必须注意的，也正是此书的复杂之处。

9.《礼记》

《礼记》是战国至秦汉年间儒家学者解释说明经书《仪礼》的文章选集，是一部儒家思想的资料汇编。

《礼记》的内容主要是记载和论述先秦的礼制、礼仪，解释仪礼，记录孔子和弟子等的问答，记述修身为人的准则。实际上，这部九万字左右的著作内容广博，门类杂多，涉及到政治、法律、道德、哲学、历史、祭祀等诸多方面，几乎包罗万象，集中体现了先秦儒家的政治、哲学和伦理思想，是研究先秦社会的重要资料。

《礼记》全书用记叙文形式写成，一些篇章具有相当的文学价值。有的用短小生动的故事阐明某一道理；有的气势磅礴、结构谨严；有的言简意赅、意味隽永；有的擅长心理描写和刻划，书中还收有大量富有哲理的格言、警句，精辟而深刻。

《礼记》由多人撰写，采自多种古籍遗说，内容极为庞杂，编排也较零乱，后人采用归类方法进行研究。东汉郑玄将 49 篇分为八类；近代梁启超则分为五类。

汉代把孔子定的典籍称为“经”，弟子对“经”的解说是“传”或“记”，《礼记》因此得名，即对“礼”的解释。到西汉前期《礼记》共有 131 篇。相传戴德选编其中 85 篇，称为《大戴礼记》；戴圣选编其中 49 篇，称为《小戴礼记》。东汉后期大戴本不流行，以小戴本专称《礼记》，和《周礼》、《仪礼》合称“三礼”，郑玄为“三礼”作了注，于是其地位上升为“经”。

10.《春秋公羊传》

《春秋公羊传》亦称《公羊传》、《公羊春秋》，是专门解释《春秋》的一部典籍，其起讫年代与《春秋》一致，即公元前722年至前481年，其释史十分简略，而着重阐释《春秋》所谓的“微言大义”，用问答的方式解经。

《公羊传》的作者是战国时齐人公羊高，他受学于孔子弟子子夏。《公羊传》最初只是口耳相传，至公羊高的玄孙公羊寿（汉景帝时期）时与齐人胡毋生合作，将《春秋公羊传》定稿而“著于竹帛”。

《公羊传》是经传合并，传文逐句传述《春秋》的内容。与《左传》以记载史实为主不同。《公羊传》的特点是重在释经，即研究《春秋》的用词、造句，探求经文中隐含的“微言大义”，探寻孔子在编撰《春秋》时的思想感情。《公羊传》在释经时，不完全紧扣经文，有时是以发表自己的见解为主。

《公羊传》的主要精神是宣扬儒家思想中拨乱反正、大义灭亲，对乱臣贼子要无情镇压的一面，为强化中央专制集权和大一统服务。《公羊传》尤为今文经学派所推崇，是今文经学的重要典籍，历代今文经学家都常用它作为议论政治的工具。它也是研究战国、秦、汉间儒家思想的重要资料。

《春秋公羊传》作为儒家经典，备受历代统治者的推崇，长期成为封建统治阶级的教科书和科举取士的考试内容。后世注释《公羊传》的书籍主要有东汉何休撰《春秋公羊解诂》、唐朝徐彦作《公羊传疏》、清朝陈立撰《公羊义疏》。

11.《春秋穀梁传》

《春秋穀梁传》是《春秋》“三传”之一，是一部解释《春秋》经义的经典著作。其流传范围、影响力均不如《公羊传》宽广，但因有其存在的价值，仍被各代学者关注。

（1）提倡礼制，严守等级

《穀梁传》认为，君臣、父子、兄弟、夫妇之间都有一定的行为道德规范，超越自己的身份等级行事，就是违背礼仪。作为诸侯，必须向周天子进贡；按照名分等级，宗庙的数量有一定的规定；君臣各有职分，各有行为准则，必须严格贵贱尊卑之别等等。

（2）维护宗法，尊尊亲亲

《穀梁传》认为，宗法是维护宗族体制、调整人际关系的规范和纽带，其主要内容就是尊尊亲亲。“尊尊”就是要忠于尊者，诸侯忠于天子，大夫忠于诸侯；“亲亲”就是要敬爱亲者，儿子敬爱父亲，弟弟敬爱兄长。要为尊者讳，为亲者讳，以维护尊亲的权威和利益。因此，书中主张“贵始”。要加强宗族关系，就是对于乱臣也要表现出兄弟情谊；国君之位必须传给嫡长子，以保证宗法继承制，等等。但是也强调不能因亲亲而危害尊尊。

（3）悯农轻赋，喜雨爱民

《穀梁传》认为，民众是君王的根本，君王应该关心农耕，满足民众生活资料的基本需求，否则就不合正道。君王必须经常注意民众的疾苦，随时采取应对的措施；要减轻赋税，贮存粮食，以备荒年，否则就要受到谴责等看法。

（4）崇尚道义，慎用武力

春秋乱世，诸侯割据，战争不断，而《穀梁传》并不一概反对武力，而主张文事与武备并重。书中认为训练军队，加强战备是必要的，但是，备战要以道义为重，用兵要有正义的目的等。《穀梁传》还主张会盟，互不侵伐。

（5）尊夏攘夷，礼仪为本

《穀梁传》站在中原统治的立场上，维护中原礼仪文化，蔑视贬斥周边夷狄之国，对夷狄的入侵扩张行为极为痛恨。但值得注意的是，这里所说的中原与夷狄对立和差别不在于民族、血统，而在于礼仪文化。所以，诸夏与夷狄的界限划分并非是固定的，而是处于变化之中。

为了阐发《春秋》大义，《穀梁传》还非常注意总结《春秋》的书法条例。但传文把《春秋》经文死搬硬套地解说，未免显得牵强附会，自相矛盾的。但分析《穀梁传》这一释义特点，有利于理解其中的政治主张和思想倾向，因此也应该予以重视。

12.《尔雅》

《尔雅》是我国最早的一部解释词义的专著，也是第一部按照词义系统和事物分类来编纂的词典。

作为书名，“尔”是“近”的意思，“雅”是“正”的意思，在这里专指“雅言”，即在语音、词汇和语法等方面都合乎规范的标准语。《尔雅》的意思是接近、符合雅言，即以雅正之言解释古语词、方言词，使之近于规范。

（1）《尔雅》的成书及作者

《尔雅》最早著录于《汉书·艺文志》，但作者不详。对于《尔雅》的写作年代及作者，历来存在争议。有人认为是西周初年周公旦所作，后来孔子及其弟子作过增补，有人认为是孔子弟子编写的。

此书最初成书当在战国末年，是由当时一些儒生汇集各种资料而成。历经秦火、战乱之后，这部书在汉代初年重新问世，又经过经师儒生的陆续增补，才成为今天所见到的《尔雅》。

（2）《尔雅》的性质和内容

从《尔雅》的性质来看，它本是一部以解释“五经”的训诂为主，通释群书语义的训诂汇编。而训诂萌芽于春秋战国，到西汉时才有较大的发展。因为从春秋战国到西汉，几百年间，语言文字发生了很大的变化，一般人已经不大看得懂古书，需要有专门的学者来讲解。而汉代的统治者力图用儒家的经典来巩固自己的统治，于是尊《诗》、《书》、《礼》、《易》、《春秋》为“五经”，设立五经博士，在官学里讲授经义，这就促进了训诂的繁荣。经学家们纷纷给先秦流传下来的儒家经典作注解，并随后把这些随文而释的各种典籍的注解汇集到一起，按照一定的体例分类编排起来。《尔雅》就是这样一部训诂汇编。

(3)《尔雅》的篇章结构

《尔雅》全书 19 篇，分别是：释诂，对古代词汇的解释；释言，对一些动词和形容词的解释；释训，解释连绵词和词组，以及形容词和副词；释亲，解释亲属的称呼；释宫，对宫室建筑的解释；释器，对日常用具、饮食、衣服的解释；释乐，对乐器的解释；释天，对天文历法的解释；释地，对于行政区划的解释；释丘，对丘陵、高地的解释；释山，对山脉的解释；释水，对河流的解释；释草、释木，对植物的解释；释虫、释鱼、释鸟、释兽、释畜，对动物的解释。

《尔雅》保存了中国古代早期的丰富的生物学知识，是后人学习和研究动植物的重要著作。据史书记载，东汉初，窦攸由于“能据《尔雅》辨豹鼠”，所以汉光武帝奖赏给他百匹帛，并要群臣子弟，跟从窦攸学习《尔雅》。

由于《尔雅》解释非常简单，它所涉及的许多语言知识不容易被人理解，因此后代又出现了许多注释、考证它的著作。后世还出了许多仿照《尔雅》写的著作，称为“群雅”，如明朝方以智《通雅》，清朝洪亮吉《比雅》。

13.《孟子》

《孟子》是儒家经典之一，书中所含蕴的政治、伦理、哲学、教育等思想学说，不仅对中国两千年来的封建社会产生了巨大影响，而且对中华民族的性格塑造和道德情操的培养也起了至关重要的作用。

（1）《孟子》的成书时间及作者

关于《孟子》的成书时间及作者，古今有三种不同的看法。其一，以东汉赵岐、南宋朱熹为代表，认为该书完成于孟子生前，作者是孟子自己。其二，以唐代韩愈、北宋苏辙为代表，认为该书是孟子死后完成，是由其弟子万章、公孙丑等共同记述的。其三，根据司马迁在《史记·孟荀列传》中所说，孟子周游列国，因思想不被采纳，于是述仲尼之意，作《孟子》7 篇，由此人们认为《孟子》一书在孟子生前已基本完成，主要作者是孟子自己，但有其弟子万章、公孙丑等参与写作。

（2）《孟子》的结构及列入经书的时间

据《史记·孟子荀卿列传》记载，《孟子》共有 7 篇：《梁惠王》、《公孙丑》、《滕文公》、《离娄》、《万章》、《告子》、《尽心》。据《汉书·艺文志》记载，《孟子》有 11 篇，除流传于今的 7 篇外，还有外书 4 篇：《性善辩》、《文说》、《孝经》、《为政》。但赵岐认为外书是后人伪托之作，因此不给它作注，以后便逐渐亡佚了。

《孟子》七篇都是取首章第一、二句中二三字为篇名，并无实际意义，在这一点上与《论语》相同，所以赵岐据此说《孟子》是拟《论语》而作。篇下分章，每篇章数不一，全书共计 261 章。每章字数不等，多则千余字，少则十几字，全书共计 35370 多字。篇与篇之间、章与章之间没有内在逻辑联系。

（3）《孟子》的历史地位

《孟子》在汉代已受到相当重视，但其地位远不能同儒家经典相比。虽然东汉班固视《孟子》为子书，在《汉书·艺文志》中将其归入子部，但当时人们普遍只把它看作辅翼“经书”、解释经义的传。西汉汉文帝时，曾为《论语》、《孝经》、《孟子》、《尔雅》置博士，称作“传记博士”。

随着儒学独尊地位的逐渐确立，孟子的思想越来越为人们所重视，《孟子》的地位亦得以提高。五代时，后蜀主孟昶命人在石头上刻《孟子》；北宋宋太宗时又加翻刻，《孟子》始列入经书；哲宗元祐年间，《孟子》被作为科举取士的试士内容。南宋孝宗时，朱熹将《论语》、《孟子》与《礼记》中的《大学》、《中庸》两篇合在一起，称为“四书”，并悉心为之作注，确立了《孟子》在经部的地位。元明清三代，《四书》被定为科举考试的科目，《孟子》成为学者必读之书。

虽然与《论语》一样，《孟子》也是以记言为主的语录体散文，但从文风上它比《论语》又有明显的发展。《孟子》中有许多长篇大论，气势磅礴，议论尖锐、机智而雄辩，给人以侃侃而谈之感，对后世的散文写作产生了深刻的影响。

第五章

儒家的宇宙观

富与贵，是人之所欲也；不以其道得之，不处也。
贫与贱，是人之所恶也；不以其道得之，不去也。
——《论语·里仁》

1. 先秦儒家宇宙观

人类经常会追问自己生活着的世界是怎么来的，是谁创造了万物苍生。在儒家文化中，我们可以从先秦典籍中寻找一些答案。

(1)《易经》中创世的记载

《易经》认为，这个世界是昊天上帝创造的。由于他的功德，宇宙万物获得生命，万物具象成形，生生不已。例如书中记载，天帝命日神乘六龙之辇运行于天，因此有日出日落，昼夜循环；万物各成其性，各正其位，各得其所；宇宙世界保持着中正和谐的天秩天序。

(2)《诗经》中创世的记载

根据《诗经》的说法，天地万物是昊天上帝创造的。昊天上帝全善全德，全知全能，是宇宙万物的最高主宰。宇宙万物，人间万象，是非善恶，都无法逃于天地之间。

2. 孟子的天道观

天道观是孟子思想的重要组成部分，是其性善论、伦理思想、政治思想的出发点和哲学依据。孟子所说的“天”有四种意义：一指有意志的主宰之天，二指命运之天，三指道德、义理之天，四指自然之天。

（1）有意志的主宰之天

受殷周以来宗教有神论的天道观影响，孟子默认在人世之外存在着上帝和神，如他说，“虽有恶人，斋戒沐浴则可以祀上帝”，并且认为是上天降生了人，他援引《尚书》、《诗经》中的话说，“天降下民”、“天生蒸民”，既然天降生了人，那么天就有至高无上的权威。

孟子认为帝位的传承是由天决定的，相应的君王和老师也是上天设立的。这些人的唯一职责便是代替上天照管众民，协助上天爱护、教导他们，使他们生活安定、幸福。同样，国家的兴亡亦是由天决定的。而一个人遭受心志之苦、体躯之劳，是上天对其将承担重任的磨练和淬砺，所以人们如身处逆境，切不可自甘堕落，而要奋发向上。

（2）命运之天

所谓命运之天，是指不以个人意志为转移的必然之势，是存在于人力之外的一种无形而巨大的异己力量。孟子说：“莫之为而为者，天也。”也就是说没有想到要这样做，而竟这样做了的，便是天意，即孟子认为命运之天左右着天下。

孟子认为在“有道”的社会，“大德”之人役使“小德”之人，“大贤”役使“小贤”；在“无道”的社会，力量小的被力量大的支配，弱者为强者所役使。这都是一种非人力所能及的必然之势所决定的。天下“有道”，政治清明，尊德尚贤，大德和大贤因其德高贤明，故能役使小德小贤；天下“无道”，政治黑暗，道德沦丧，推崇强权和武力，力大者、势强者便会取得役使小者、弱者的地位。对此意义的“天”，孟子主张应审时度势、通权达变，“顺天者存，逆天者亡”，在主观态度上要“不怨天，不尤人”。

（3）道德、义理之天

在孟子的天道观中，更强调道德、义理之天。受孔子“天生德于予”和子思“天命之谓性”思想的影响，孟子认为“天”具有道德属性，认为仁、义、忠、信诸德是“天爵”，而仁是“天爵”中最为宝贵者。他还认为天道即“诚”，把“诚”说成是“仁义礼智”的概括。这样孟子就把“天”道德化，并把“天”看成为脱离人的主观意识而独立存在的精神本体。

孟子认为上天造物，必然赋予物所遵循的规范；天生众民，自然也赋予众民行为必须遵循的内心规范，而人的内心规范就是其生而具有的善性。由此可见，孟子认为天是道德义理的最终根源。进而，孟子认为人们只要在主观认识上“尽心”、“知性”就可以“知天”，在道德实践上“存心”、“养性”就可以“事天”。从而达到“上下与天地同流”的神秘境界。

（4）自然之天

孟子认识中的“天”，有时还指日月运行、四时寒暑交替、万物受其支配的自然之体。他认为人们只要掌握了天体、星辰运行的规律，即使是一千年以后的“冬至”也是能推知出来的。在此，“天”又失去了神秘性，显示出孟子天道观中蕴含的唯物主义因素。

3. 孔颖达的元气说

唐朝名儒孔颖达的元气说是儒家宇宙观的重要组成部分。由于他深谙《易》理，由此通过论《易》，阐发了系统的宇宙观。

孔颖达认为运动是世间万物的存在形式。变化运动存在于天地开辟之际，世间一切事物的存在形式就是运动，每一事物无时无刻不处于运动变化之中，世界乃“新新不停，生生相续”。运动是一切事物更新变化的力量源泉。而运动的根本在于阴阳二气的消长变化。阴阳作为无所不在而又对立统一的两种力量，实际是事物的矛盾性。天地变化，五行迭代，四时更替，乃至人的进退荣辱等等，无一不是这一矛盾规律的具体表现。不变是暂时的，是运动过程中一定时期内的相对稳定。

根据孔颖达的主张，只要遵循易理，就能使阴阳有序，百物和顺，社会安定，群生和洽。

4. 周敦颐的宇宙生成论

周敦颐的《太极图说》是儒家宇宙观的重要著作。《太极图说》以儒家经典《周易》和《礼记·礼运篇》为根据，吸取和融会了道家的有关思想而成，文中用图式和文字说明的方法，从哲学的角度，提纲挈领地对宇宙的发生、发展过程进行了抽象的概括。据考证，现存的《太极图说》是经过朱熹校定整理过的。

周敦颐认为宇宙的最初根源为“无极”。作为天地万物总根源的“无极”是宇宙的“胚胎”，是尚未分化成形的一种混沌状态的“物质材料”，具有物质性。

《太极图说》中记载了宇宙生成发展的几个阶段：

第一阶段：“无极而生太极”。“无极”是宇宙最初的原始状态，是宇宙未分为具体物象时的混沌状态，由“无极”演化而来的“太极”，具有变化机能和初具物态。

第二阶段：从“太极”到阴阳。“太极”中蕴含着动静机能，在运动中产生了阳气，在静止中产生了阴气。宇宙的原初物质发展到阴阳阶段，不但有动有静，而且动静相互依存、相互转化，于是便出现了天地之分。

第三阶段：从阴阳到五行。阴阳二气相互作用而演化为“五行”（指构成天地万物的五种基本物质元素，即水、火、木、金、土）。周敦颐认为，“五行”就是五气，因为它们和阴阳一样，也是气的一种形态。但这是比阴阳更为高级的物质形态，它们各自具有比阴阳更为具体的形态和性质。物质发展到“五行”阶段，出现了四季的变化。

第四阶段：从“五行”的运动到万物化生。这一阶段由阴阳二气的交感和五行的不同特性相互作用，出现了天地万物，说明万物的变化和发展是无穷的。

综上所述，周敦颐的宇宙发生论，可以概括为这样一个过程：无极—太极—阴阳—五行—天地万物。

周敦颐的《太极图说》具有朴素的唯物主义思想，这在当时是难能可贵的。

5. 天人合一论

儒家学说强调天人合一论。天人合一思想起源于先秦时代，最早明确提出“天人合一”一词的是北宋时期的张载。历代儒家讲“天人合一”，实际上主要有两个重要方面，就是天人相通和天人相类。天人相通，就是认为天与人不是相对立之物，而是息息相通的整体；天人相类，是认为天是人伦道德的本原，人伦道德是出于天的。天人相通为天人相类提供了理论基础，天人相类则使天人相通思想得以普及。

（1）孟子的天人合一思想

孟子所讲的“知性知情”说，是天人合一思想的源头。孟子说，尽自己的善心，就是觉悟到了自己的本性；觉悟到了自己的本性，就是懂得了天命；要保存自己的善心，养护自己的本性，以此来对待天命。同时他还强调思考对于人的重要性。虽然孟子肯定了人性与天道的同一性，但是并没有进一步论证。

（2）董仲舒的天人合一论

董仲舒的天人合一论，不但讲了天人关系，而且发展到神与人的关系，给中国儒学研究带来了很大的负面影响。但他也对中国儒学的发展做出了一定贡献，是使儒学成为官学的一个重要原因。

董仲舒把“元”看作宇宙的“大始”，它在天地之前，是万物之体。他在著作《春秋繁露》中认为天创造了人，是最高的人格神。董氏认为人是天特殊创造的，天依据自身的样子和变化来创造人，人从形体到精神都是天的副本，人有“喜怒哀乐之答”，是因为天有“春秋冬夏之类”，人之所以有“血气”、“仁义”、“德行”是因为天性本来如此。由此得出结论：人的一切由天而定。

既然天的阴阳创造了万物，万物是由阴阳合成而来，但阴阳这两极又有不同。他认为君臣、父子、夫妻，前者为阳，后者为阴，属阳的占据主导。这样，自然界的关系就投射到人间，以人合天，以天合人，便是董氏的“天人合一”。在董氏看来，天创造了人就是为了贯彻和体现它自己的意志，那么人违反了天意，就会有灾祸。

董仲舒的天人合一论最终得出了“唯天子受命于天，天下受命于天子，一国则受命于君”的结论，似乎偏离了探求人之本原及与天之间的关系，而是借此来“神化”帝王，使人民为“顺”。这种天人合一论为盛行于两汉的“谶纬”论调提供了理论依据。

（3）宋明理学中的天人合一观

宋明理学家几乎都谈到过天人合一论。

周敦颐认为“诚”是“性命之源”，是履行事物的生长变化及规律而推至社会中的一切道德规则和一切道德行为的途径。周敦颐继承《周易》说法，认为圣人是人类中最灵的人，圣人给人类定出了一个人的标准，只有圣人才能达到“诚”。

张载认为“太和”是说宇宙的精神面貌。这个精神面貌是宇宙发展规律所决定的，所以说：“太和谓之道。”（《正蒙·太和》）就是说宇宙的变化，虽然极为复杂，但有一定的规律性，必要遵循。在《张子语录》中张载有四句名言：“为天地立心，为生民立命，为往圣继绝学，为万世开太平。”表明张载认为人的精神和思维达到最高的限度，万事万物的规律，得到最多和最高的理解，给生民创立“为人”的道理，继承先辈圣贤，为太平之世的到来做贡献。

（4）达到天人合一的途径

历代儒者认为达成天人合一需要两种做法：“天人合德”和“格物致知”。天人合德，即认为天是最伟大的，只有圣人才像天一样，是后世人效法和学习的榜样。格物致知，即认为要穷究事物的道理，然后才能达到心的自我认识。

讲求天人关系，说明人们在改造自然界和社会的发展过程中，认识到人与自然、社会有某种必然联系，这一认识对后世发展有十分重要的影响。

6. 人格化自然观

这一观点是指在自然审美过程中，赋予自然山水更多的人格成分。孔子的“岁寒，然后知松柏之后雕也”，是在对于自然山水林木的审美中，发现了自己的理想人格。而后代许多儒者，都沿袭着这种意识来看待自然景观。这种自然审美人格化的实质，是在对自然山水欣赏过程中的自我人格欣赏。这是儒家修身养性的一种手段，也是其自然观的一种独特表现。儒家的人格化自然观，主要包含以下两方面内容。

首先，人格向物的转化，依据自然山水的特性来比托人格。不论是人格向物的转化，还是人情以物为显现，这是人与自然在审美过程中的双向流通，它形成了儒家特殊的审美定式。这时的自然山水和处于现实中的景物，已经不是纯粹自然意义上的山水和景物，而是笼罩上了一层人文意蕴。

其次，以自然山水象征人格品位，把自然作为人的精神比拟物。在儒家看来，山可以使草木生长、鸟兽繁衍，给人们带来利益而自己无所求；水滋润万物，所到之处给大地以生机，蕴涵着智慧。人们之所以喜欢观山、赏水，就是因为山与水体现着仁者、智者的美好品德。山峦巍然不动的静态与仁者稳重守一的情操，流水流淌不息的动态与智者绵延不断的思绪，都有着对应相称的关系。

其实，儒家的人格自然观的产生是因为在儒家看来，最高的美就是理想的人格，最高的美感就是对理想人格的体验，所以面对自然山水，他们的审美重心往往是放在自我人格欣赏上。在赞美山的雄伟、海的壮阔、松的挺拔的同时，也是在赞美人。

7. 畏天命

孔子曾说："君子有三畏。畏天命，畏大人，畏圣人之言。"根据儒家观点，天命是指大自然客观存在的一种规律。这个规律就像是看不见的手，冥冥之中发挥着作用。这个规律是必然的，是人的主观意志不可改变的。

（1）畏天命

儒家认为人要时刻铭记头顶之上有上天，因此应孝敬父母、谨慎修身、积德行善、建功立业、造福社会，不可乱为，否则必然遭到天的惩罚。这种敬畏之心能够使人产生种种美德，从而使自己成为良知所期待的人，实现完美真实的自我。像孔子的谦虚美德即来自对天、对圣人、对天命的深深敬畏。儒家畏天的传统延续数千年，直到20世纪初叶，中国的帝王仍然按时祭天，无丝毫怠慢。

（2）知天命、顺天命

儒家认为来到这个世界就要知道自身的责任，知道自己的使命，并努力实现自己的使命，为社会贡献自己的力量。不知天命，人只能是无所作为，虚度时光，枉活一世。因此人要顺应天命，积极行善、努力奋斗、造福社会。

8. 生生不息

《周易》一书认为，天地在生出万物的同时，也把生生不已的德性赋予了万物。生生不已的内在力量，时刻鼓动着万物，于是万物生机盎然，竞相成长。《诗经》有一篇诗，名叫《旱麓》，它描述万物活跃生长的样子：万物生长，向上欲冲破长空，向下欲穿透大地。而儒家主张的仁德和日新之道，其实就是生生不息之道在人身上的应验。

(1) 仁德生生不息

仁德是一种希望万物都能活泼生长之心。春天万物成长，欣欣向荣，所以儒家经常用春天来类比仁德。比如程颢春天出游，看到万物生生不已，内心便油然升起一股仁人爱物的情怀，感觉自己与天地融为一体，于是写下了“云淡风轻近午天，傍花随柳过前川。时人不识余心乐，将谓偷闲学少年”这首诗。

儒家认为既然天地把仁德赋予了人，那么发挥仁德就是人的神圣使命。从个人方面讲，人要不断创造，不断革新；从社会方面讲，要促进进步与和谐；从人与自然的关系方面讲，要通过自己的努力，让宇宙走向至善至美。

(2) 日新之道

儒家认为天地不断地创生万物，造成了无穷无尽的运动变化，人就生活在一个不断变化的宇宙当中。不但人周围的一切在变，人类自己也在变，从肉体到精神。而在这样的变化中人的身体每天都会染上灰尘，所以每天都要清洗，而与此类似，人的精神也必须每天都濯洗一番。“苟日新，日日新，又日新”这句话表达了一种积极应对变化的人生态度，这种人生态度称为“日新之道”。

第六章

儒家的政治观

为世忧乐者，君子之志也；
不为世忧乐者，小人之志也。

——《申鉴·杂言上》

1. 大同社会

儒家的最高政治理想是世界大同。儒家的重要经典《礼记》中的《礼运》篇描述了大同世界的社会景象。根据《礼运》的这段描述，儒家理想中的大同社会具有以下一些特点：

（1）全民公有，选贤与能

这个全民公有的社会制度，包括权力公有和财物公有。权力公有的口号是“天下为公”，具体措施是选贤与能。管理社会的是被选举出来的贤能，而选举贤能的权力在于“天下”，也就是全社会的民众。这个“天下为公”的口号性质是与王权根本对立的。

（2）讲信修睦，人得其所

“天下为公”是建立良好人际关系的前提和基础，信与睦是“大同社会”良好人际关系的核心。在这个社会里社会里的每个人地位平等，人人敬老，人人爱幼，无处不均匀，无人不饱暖。人们视他人父母如自己父母，视他人子女如自己子女。任何人都能得到社会的关怀，任何人都主动关心社会。

（3）人人为公，各尽其力

在这里，人们有高度的责任心，对社会财富十分珍惜，憎恶一切浪费现象，也反对任何自私自利的行为。货弃于地是可耻的，货藏于己同样是可耻的。

在这里，劳动已经成了人们高度自觉而又十分习惯的活动。能劳不劳是可耻的，劳而不尽其力也是可耻的，劳动只为了自己同样是可耻的。社会给人们提供了和谐优越的生存条件，人们回报社会以高度的自觉劳动，二者互为条件，互为因果，而又互相进。

大同世界作为一种社会理想，可谓是思之深刻而虑之长远的。

2. 小康思想

儒家的小康思想与大同社会同时出现在《礼运》篇中。作为社会制度和社会景象，小康思想与大同社会几乎是对立的。在小康思想里，“天下为公”的口号改成了“天下为家”。在这条总原则下，一切社会现象都与大同世界相反，人们各亲其亲，各子其子，货为己藏，力为己出。

（1）小康思想对社会的影响

这些“小康”社会景象，来自权力的私有：“大人世及以为礼。”“大人世及”也就是君主世袭。为了说明这种世袭的合理性，产生了为其服务的观念形态，一是礼，一是义。礼的本质是为世袭王权服务的，有权力的人就理所当然地受到尊敬。既然尊重权力是“礼”，与之相适应，那么保护权力自然就是“义”了，这样的权力是没有民众基础并受到人们反对的。

这样礼、义成了权力世袭社会的纲纪，用以规范一切行为道德。例如要以礼、义正君臣关系，以礼、义笃父子关系，以礼、义睦兄弟关系，以礼、义和夫妇关系等等。礼、义表面上是超脱的、公道的，实际上是依附于权力的，为权力服务的。

权力的世袭产生了礼、义，同时也产生了普遍的私有观念：以是否对自己有利作为衡量功利的标准和尺度。既然人人都为自己打算，就不能不开动脑筋，以资防备，以行进取，而各种损人利己的阴谋因此产生，社会危机四伏。

尽管礼、义是为权力而设的，然而在“天下为家”的社会又必须崇礼倡义，统治阶级要以礼为纲，以著义、考信、明过、扬慈、奖让为目，使之成为风气，使社会得以安稳。

（2）尚“大同”，贬“小康”

《礼运》对小康社会是名褒实贬的。首先，公开指出小康思想的前提是“大道既隐，天下为家”。丧失了“大道”而以天下为家的社会，自然不是理想的社会。其次，这个在“家天下”统治下的小康思想是个人各为己、自私自利、充满着矛盾和斗争的社会，而这些自私自利的不良思想和矛盾斗争的复杂关系都是因为权利世袭引起的。第三，这样的小康思想在封建社会的环境里是无法达到的。为了权力和财富的争夺，臣弑其君者有之，子弑其父者有之，兄弟相残、叔侄相害者更有之。

所以，《礼运》描述的“小康”，表面上在歌颂先君们的盛德，实际上是在抵制天下为家的世袭制度，及在这种制度下形成的自私自利的社会风气。

3. 和为贵

儒家治国思想的核心是“以和为贵”，其出发点与归宿都在一个“和”字。“和”是对宇宙和万物存在形态的描述。儒家认为宇宙和万物都是存在于“和”的状态中，“和”是宇宙和万物存在的基础，没有“和”就没有一切。“和”的状态可以用“各得其所”来表述。各得其所的状态不只指人与人的关系，而且表现为国家内部、外部的一切方面。

(1) 万物各得其所

儒家所说的“和”并不仅是指人们相处和睦、和谐，以及没有斗争和冲突的状态，更是表现为一种秩序，是多元的统一、局部的共生。如果能够在统一的整体中，各个成分、各个局部都找到了自己的地位，使所有关系的总和形成一种稳定的、和谐的秩序，那么就达到了儒家治国的理想目标。比如君主安于君主的位，臣子安于臣子的位，子民安于子民的位等。这一要求又集中体现在“中”上，无过无不及，才能各得其所，各安其位。

(2) 达到“和”的途径

孔子以“道之以德，齐之以礼”说明其治国思想，表明德与礼是达到“和”的两个要点。孔子认为“仁”就是要遵守礼的规范，人们要遵守礼的规范，以维护社会秩序的稳定，是目的；要以道德教育使人们自觉地服从礼的要求，是手段。两者互为作用，密不可分。

儒家治国思想“和为贵”的这些特质，与儒家的宇宙观紧密相连，都是以“和”为理想的最高目标。

4. 民为本

人民在国家政治生活中的社会地位问题，历来是儒家政治伦理学研究的核心问题。在儒家思想中，一直有着一股后来被称作“民本思想”的因素在发展。

(1) 敬德保民

以民为本的思想最初是从西周萌发的。周朝的统治阶级认为，上天观察一国之德，是从百姓那里听到看到的，笼住了百姓也就保住了天命，而这一切都要通过敬德才能实现。但无论是“敬德”还是“保民”，都不是目的，而只是保住“天命”的手段，即对百姓的统治。

可见，“敬德保民”观点的最初产生虽然不是为了以民为本，但当时的统治者已经懂得了民心向背是国家治理得好与坏、得天命与否的标志，而治民是帝王君师禀承于上天的任务的主要内容之一。

(2) 庶民，富民，教民

在儒家思想中，对待百姓的思想主要有三个方面的内容。首先是“庶之”，即主张使之人丁兴旺。在古代，增加人口，即增加劳力，是发展生产的主要方法，当然同时也是战争的需要。其次是“富之”，即使人民富有。儒家认为百姓不富，容易造成社会动乱，最终会造成“无上”的局面，因此主张轻敛薄赋。第三是“教之”，即教授百姓孝悌忠信的道理。儒家肯定教育的作用，认为教化可以使民众不会犯上作乱，且利于执行君王的命令。

(3) 孟子、荀子的民本理论

儒家的民本思想在孟子这里又有了新的发展。首先，孟子提出了“制民之产”的思想，他看到了土地问题在百姓生活中至关重要的地位，认为欲解决百姓的问题，就必须先解决土地问题。其次，他提出了“民贵君轻”的思想，把百姓提高到了政治生活的首要地位。此外他还引伸出了“得民心者得天下，失民心者失天下”这一观点。

与孟子相比，荀子更强调民众力量的两面性。一方面荀子明确地提出了“父母官”思想；另一方面又提出“水能载舟，亦能覆舟”的思想。他的人性论是性恶论。所以他比孟子更为重视教化的作用，以及对利用民心作乱的提防。荀子民本思想中还提出了“治民”与“制民”的关系，表现为“治”为治乱而非治平，是由乱入制；治民是治乱民，乱民经治之后，就成了或应当成为王制之下的民。由此，荀子打通了从“治民”到“制民”的道路。

(3) 从“制民”到“公天下”

董仲舒将儒家的正名思想、民本思想与阴阳五行思想结合在一起，将儒家思想神秘化、专制化，从而使儒家的民本思想从“以民为治之本”转变为“以民为制之本”。董仲舒主张君王是代天行事的，虽然他们本身没有处置百姓的直接权力，但上天既然要君王来代理它，就赋予了君王处置百姓的权力。从此，中国古代的法律正式走上了儒家化的道路，儒家的仁义道德也走上了礼教的道路。

东汉初期，佛教传入中国，并且得到了统治阶层的支持，加之中国长期处于战乱，释家文化得到迅猛发展，这对儒家的正统地位构成了严重的挑战。后经过唐武宗灭佛和后周世宗灭佛，佛教受到了沉重打击，儒家乘机重新占领社会思想的主导地位。儒家吸取了释家讲求众生平等的思想，对传统的士、农、工、商四民贵贱有别的观念做了改造，开始承认四民平等。到了清朝，经学家黄宗羲发挥了《礼运》的“家天下”与“公天下”思想，得出了推翻“家天下”建立“公天下”的要求；而顾炎武区分了“亡国”与“亡天下”的说法，由此拉开了中国封建社会末期的启蒙运动。

5. 以德治国

“德治”思想在中国有着悠久的历史，中国自远古三代就有以德治世的思想传统，如关于尧、舜禅让，天下为公、尚德授贤等著名佳话。《尚书·尧典》中说，能把高尚美好的品德发扬光大，就能使九族以内的人亲密团结，百姓安乐，万国友好，社会就会变得和谐。

儒家文化中的德治思想最为典型。儒家为政之道的核心是以德治国。简单地说就是以道德教化为统治手段的社会治理模式。儒家主张把道德运用于政治领域，以道德作为规范君主行为、治理国家社稷、管理庶民百姓的手段。孔子有两句名言可视为德治思想的经典：“为政以德，譬如北辰，居其所而众星共之。”“道之以政，齐之以刑，民免而无耻；道之以德，齐之以礼，有耻且格。”这两段话阐明了孔子对“为政以德”独特作用的认识，基本上反映了德治不同于法治的特点。

从孔子开始，经孟子、荀子的系统发挥，《大学》、《中庸》的理论升华，逐渐形成了一套系统完整的德治思想体系。其强调道德教化、修身为本、以德治国，遂成为儒家思想的主题，成为中国传统政治文化中极为重要的组成部分。

(1) 为政以德

儒家主张“为政以德”。儒家认为，国家政治本于道德，所以为政者应当以道德来实行政治，以德服人，反对以力制人。这里特别强调为政者自身的道德修养，认为修身是为政者实现德治，即治国平天下的前提条件。应当说，儒家对为政者的修身要求很高，道德要求也很多，但是，最重要的还是孔子所讲的“政者，正也”这一条，这可以说是“官箴”之根本。

(2) 德主刑辅。

德主刑辅是指治理国家要以德礼为主体，以刑政为补充。德礼之治是以道德和礼仪制度来约束君主的行为，治理国家社稷，管理庶民百姓，通过道德示范和教化使人民向善去恶，达到社会稳定、天下大治的目的。刑政之治就是用行政命令告诫人民必须做的和禁止做的，谁做了不允许做的事就是犯法，就要受到法律的惩罚和制裁，只要能做到令行禁止，国家就算治理好了。儒家认为用行政命令来引导人民不如用道德礼仪来引导人民，刑政之治有治标不治本之弊，唯有德礼之治才能标本兼治，获得最佳政治效果。

(3) 发政施仁。

儒家认为，为政以德就要以“仁”为基本精神。作为统治者就是要以“仁爱”之心待民，要亲近、亲爱百姓。孟子认为，仁政来源于仁心，以仁心发为仁政，则可以统一天下。“发政施仁”要求施仁推恩，具体方法就是推己及人，从自身而推想到他人。儒家认为，这种推恩于民的精神和行为是十分重要的，要做到“乐民之所乐”，“忧民之所忧”。

(4)“制民之产”与“取民有制”。

儒家重视广大人民的利益，认为唯有惠民，保证人民衣食无忧，生活富足，使其安居乐业，才能有利于国家的统治。孟子认为，有恒产者有恒心，因此提倡“制民之产”。此外还有“取民有制”，即轻收赋税。儒家主张对人民征收赋税要有一定的制度和节制，不能滥征，无限地横征暴敛，必将造成农民破产、饥饿和流离失所。这样做就不可能得民心，更不可能得天下。

6. 任人唯贤

“实行德政，任人唯贤”被儒家认为是治国平天下的基础，因此在儒家文化的价值观体系中，认为人无德不可立于世，德乃修身之首。

贤人一般指德行高尚、有济世之才的人。儒家坚持德才兼备的选人标准，并不是将德与才等量齐观，而是非常重视德对才的统帅和主导作用，把德放在首位。北宋司马光根据才与德的关系把人分为四种：德才兼备为圣人，德才兼亡为愚人，德胜才为君子，才胜德为小人。用人时，最好的选择是圣人，然后是君子，如果都没有，那么宁肯用愚人，也不用小人。因为有才无德的人是最危险的。

据《尚书》记载，帝尧用人的原则是任人唯贤，天下为公。不论亲疏远近，一律以敬顺上天、孝悌纯正、德高而有利于天下人为标准。蜀汉丞相诸葛亮临终前向后主推荐蒋琬为相，说他平日注重修身，品德高尚，肯纳忠言，做事无私。诸葛亮病逝后，蒋琬日理万机，为政以安民为本，度量宽宏，深孚众望。

可见，为政以德与否，关系到一个人是否能够用手中的权力为百姓谋福利，关系到吏治民风和政权安危。自古以来，品德高、操守好的官吏是廉洁清明的政治的基础。他们在任何时候都能够把百姓的利益放在首位，这也是任人唯贤的价值所在。相反，任人唯亲只会使国家和民族衰弱危亡。因为它以个人利益为基础，使私欲膨胀，庸人横行，历来国之乱臣、家之败子，多是无德造成的。

一个人无论其才能、智商有多高，如果其心术不正，就是国家和人民的祸患。人们只有严守道德的心法，才能在人生的正途上行进，才能使国富民强。

7. 内圣外王

虽然“内圣外王”一词最早见于道家文献，然而它却是儒家一贯奉行的人格理想和现实王道政治的经世方向。其精神实质是将政治人格化、伦理化，把人的道德心性修养当作实现王道理想的根本前提或唯一途径。“内圣”是主体心性修养方面的要求，以达致仁、圣境界为极限；“外王”是社会政治教化方面的要求，以实现王道、仁政为目标。两者在儒家学说中是互为表里、浑然一体的。

(1) 孔子言论中的“内圣外王”

“内圣外王”在孔子那里具体表述为“修己”与“安人”、“修己”与“安百姓”的统一。按照他的主张，要想成为“君子”，就必须由“修己”推广到“安人”，把“修己”的“内圣”功夫与“安人”的“外王”事业有机地结合起来。“修己”是培养主体内心之“仁”，其最高境界是“圣”。而主体一旦达到仁、圣的精神境界，必然会释放出巨大的精神力量，见之于政治实践，成就“外王”事业。这种“外王”事业，以“博施济众”为极致，孔子将它树立为儒家最高的政治理想。

(2) 孟子、荀子的“内圣外王”主张

孔子之后，“内圣”之仁与“外王”之礼开始发生分离。孟子侧重发展了“内圣”一面，成为儒家理想派的代表；荀子侧重发展了“外王”一面，成为儒家现实派的代表。孟子主张以“内圣”启“外王”，即以个人修养为出发点来实现治国平天下的理想、目标。荀子主张行“王者之政”，并强调“庶人安政”。荀子虽重“外王”，但并非不讲“内圣”，而是主张以“圣”而“王”。荀子心目中的圣人是能完成统一大业的诸侯王，是典型的“圣王合一”论。

总之，先秦“内圣外王”政治思想中，体现了道德与政治的统一。儒家既讲道德，又谈政治，认为政治只有以道德为指导才有正确的方向；道德只有落实到政治中，才能产生普遍的影响。在一定的历史条件下，这或许不失为一种理想方案。

8. 教为本，政为末

对于政教之间关系的看法，以孔子为首的儒家，从始至终都不将其视为两个独立的领域。

孔子自谓“朝闻道，夕死可矣”，而其追寻的道，正是修己安人的礼乐刑政。孟子也曾说过“幼而学，壮而行”，其意思是儒门的修养正是为从政在做准备。如是，儒家不仅认为教育在政治中起着培育人才的作用，而且认为君王在政治实践中所累积的经验与智慧又可反过来为教育提供教材。可见，在儒家看来，政教本出一源。

（1）学而优则仕

政治在儒家眼中并未仅仅停留为一种谋生的职业。对于典型的儒家学者而言，政治实际上是他们的志业与使命所在。以孔子为例，虽然终其一生没有在政坛上一展抱负，但即使到了垂暮之年其理想却未见衰弱。这种士以天下为己任的想法的形成，在政教分离的背景下是不可实现的。

（2）尊贤

所谓尊贤，就是希望统治者能“贵德而尊上”，让贤者在位，能者在职。儒家认为，为政重在尊贤，得人者治。孔子把“举贤才”作为君臣是否具有德行的重要标尺，认为将正直之人置放于不正直人之上，则百姓服；反之，则百姓不服。

（3）从政要守原则

尽管内心渴望学而优则仕，但儒家学者却并未主张无条件地投入政治。在他们看来，那种只计俸禄富贵、不问义利是非的态度是可耻的。毫无疑问，儒家认为士人从政必须据守一定的原则。孔子所谓的“陈力就列，不能者止”、“以道事君，不耳则止”，即是此意。

孟子所谓“穷则独善其身”，“不得志，修身见于世”，正是儒家学者之所以讲究出处进退之义的原因。

(4) 教为本，政为末

教育是儒家政治思想的核心内容之一。儒家认为政治的根本不在权力，而在于教化，道德教化是为政之本，因为它能够改良社会风气，影响社会的发展。而道德教化的目的就是要使民众懂得为人处事的伦理规范，明白做人的准则，做事的规矩，使社会上人人有德、个个向善，从而达到国泰民安的目的。

9. 宽猛相济

孔子曾说：“政宽则民慢，慢则纠之以猛；猛则民残，残则施之以宽。宽以济猛，猛以济宽，政是以和。”可以看出，孔子虽然重视道德教化，主张“为政以德”，但思想还是辩证的：一味施德，宽松无边，民众就会变得傲慢、不恭，进而无法无天，造成国家混乱，因此要纠偏，即颁令施刑，严厉惩罚“慢”之民，保持政权的稳固和社会的安定。但在孔子心目中德与刑二者地位并非等同，是德为主，刑为辅；德为重，刑为轻。儒家提出的宽猛相济主张要公平、合理、得当，绝不能偏斜，尤其不可过度，否则民众将会惶惶然不知所措。

10. 儒家的等级观念

儒家虽然宣扬“天下为公”的政治理念，但是他们依旧强调君臣等级关系存在的必要，并认为这是上天预定的。但是，儒家在坚持等级的同时，又大力提倡人格平等、精神自由，反对权力世袭制度。显示出有儒家特色的等级观念。二者看似矛盾，实际上又高度统一。

（1）儒家捍卫等级

孔子提倡“正名”，其目的就是要“君君，臣臣，父父，子子”。荀子认为人类强于动物之处在于人能“群”，能“群”又在于能“分”，从人与人之间的利害冲突说明等级差异存在的必然性。《易》企图从天地自然特性论证人类社会等级存在的合理性。而董仲舒则不仅通过天地阴阳之道证明了君臣等级存在的必然性，而且还阐明了各种官制名分的不可变易性，可以说细化了等级名分之间的关系。朱熹也说：“三纲五常，礼之大体，三代相继，皆因之而不能变。”可见，儒家自古以来都强调社会等级存在之必要性，并且把这种必要性上升到天道自然的高度，认为社会等级存在是合乎自然本性的。在某种意义上，它反映了中国儒家对社会政治秩序特有的一种解读方式。

（2）儒家倡导平等

《论语·季氏》里记载孔子说：“丘也，闻有国有家者，不患贫而患不均，不患寡而患不安，盖均无贫，和无寡，安无倾。”在这句话里，孔子讲得十分清楚，只要社会公平，就没有贫穷，宁可要贫穷，也不要不公平。儒家思想中的理想社会，是由礼乐制度制约的，天子、诸侯、大夫、庶人各居其位的社会。但这样的社会并不赋予高位的人以主宰一切的特权，在某种意义上说，各等级之间有着广泛均平的成分。

可见儒家一直强调社会等级差异，但并非意味着他们就提倡权力世袭，相反，他们在政治领域极力排除血缘身份的影响。这充分表现出儒家平等的政治意识，而儒家平等意识的基础即是人的德性品格，宣扬的是一种“德性平等”意识，在它后面隐含了人格平等的精神。孟子认为既然人人具有与尧舜同样的天赋德性，那么只要努力地按照这种天赋德性去践履实行，人人自然就可以成为尧舜。孟子还进一步地把此观点引入政治领域。荀子承认政治平等的可能性，认为人可以通过后天努力学习提高自身德性，从而改变现有的政治地位。

秦汉时期，中国进入封建专制时代，儒家平等意识也不同程度上受到影响，最典型的表现便是董仲舒“性三品论”的出现。这种理论从先天人性的角度就已把人区分为不同等级，在某种意义上，是对先秦儒学平等意识的背离。董仲舒之所以把人性划分为三等，目的是在于强调圣王有上承天意教化民众之责任。但是，他又认为大部分人都是可以通过王道教化以及个人修养，把自己塑造成具有完美道德的人，因此德性平等意识依然是他思想中一个内在的潜藏逻辑。

第七章

儒家的处世观

作德，心逸日休；作伪，心劳日拙。

——《尚书·周官》

1. 学而入世

儒家是一门入世之学。从政治思想到伦理思想，乃至人生哲学，儒家哲学处处体现出积极的入世精神，主张修身、齐家、治国、平天下。

春秋中后期，由于生产力的发展，导致了社会经济基础和上层建筑与已成体系的周礼制度产生不相容的局面，整个时代遭遇礼崩乐坏。这时，为了挽救崩溃的社会秩序，儒家思想应运而生。

首先，从为学的角度来看，儒家提倡“学而优则仕”，学习的目的是为了入仕。儒家认为“为学”是修身的过程，是完善个人情志的途径，自己做好了，不但可以影响更多的人，而且可以左右君王的思想，进而推行理想的“仁政”，恢复礼乐秩序。

其次，从为仕的态度来看，儒家主张积极参与政治，怀有强烈的入世情怀。他们认为为仕可以直接参与国家政策的制定，借助君王实现自己的政治抱负，并使之推广开是最好的结果，但如果不能顺利干预国家治理，也要把自身的儒家思想散播出去，影响社会的风气，这也是间接参与政治的方式。

再次，从学术认识来看，儒家一直是主动、积极地为统治者指出为国之道。儒家思想不但劝诫君王自己要“仁”、要“德”，而且在国家事务管理上劝导君主实行仁政、德政，以实现最终的大同社会为目标。

2. 儒家的人生价值观

人不是孤立存在的，每个人都处在一定的社会关系中，也与一定的自然环境发生联系。怎样做人，实质上就是怎样对待自己，以及怎样对待与自己构成相互作用的其他基本关系。儒家思想中的人生价值观正是通过在对待自我、他人、民族和国家的关系中而实现的。

(1) 人与自我的关系

什么是具有崇高人格的人，怎样才能达到和保持崇高的人格？这是古代儒学家所热心讨论的一个中心问题。孔子说：“三军可夺帅也，匹夫不可夺志也。”强调人人应具有独立的意志和人格。孟子说：“富贵不能淫，贫贱不能移，威武不能屈，此之谓大丈夫。”所谓大丈夫的崇高人格，就是始终如一地坚持自己的原则，在任何情况下都决不动摇。

要正确对待自己，塑造崇高人格，关键就是要正确对待生命与道德、人格的关系。儒家认为一个人的生命价值与道德价值、人格价值相比，道德价值和人格价值更为重要。孔子的“杀身成仁”之说和孟子的“舍生取义”之语，就是儒家为了保全仁义道德价值而不惜牺牲个人生命的典型表述。

(2) 人与他人的关系

儒家学者提倡人与人应当互相亲爱，以保持人际关系的和谐，并对人伦的准则与规范有着详细的论述。荀子论述人类合群的必要性时提出“群道”的概念，认为合群是人类能够战胜万物的保证，因此强调对待他人的方法要得当。儒家文化提出的处理个人与他人关系的准则与规范，主要有仁、礼、和、义、信。

(3) 个人与民族和国家的关系

中国自古以来就有以关心社稷民生、维护民族独立和保卫中华文化为基本内容的爱国主义传统，以此为人生的崇高价值。

儒家提倡“忠”，忠的最初含义是对别人尽心尽责，到了汉代以后转义为对国君尽忠，强调对君主的绝对服从，以维护君主专制。后来其含义进一步转变为忠于民族、国家、人民，并将其视为每一个人的崇高职责。

总之，儒家传统人生价值的构成与特色，是和辩证思维分不开的。传统人生价值观与传统辩证思维方式的统一，成为儒家人生价值观的一大特色。

3. 儒家的人性论

儒家先驱孔子那里并没有明确的说明有关人性的观点，只是简单地表述为“性相近也，习相远也”。此后中国古代儒家关于“人性”之辨是非常激烈的，而且各执一端，这为后人关于中国传统人性论的研究带来了学术上的分歧和质疑。中国古人对‘人性’本义的界定在文字表述上虽然有一定分歧，但其抽象意义是基本一致的，统一为“善”。

先秦儒家普遍认为人性是天然的、自有的天赋素质或天生资质，并以人类作为一个整体，所共有的“人性”来说是善的。即使主张性恶论的人，如荀子，目的仍然是要求人们“化性起伪”，改恶从善，最终达到善的境地。而宋明理学认为“性善”是从“生”的自然目的意义上说“性”，“生”是自然的最高目的，也是自然界至高无上的“善”。落实到人身上，就表现为富有道德意义上的

“善”的人性。可见，儒家各派虽持人性主张不同，但最终都指出人性是可以完善发展的，可以最终达到一个共同的“善”的境界。

4. 慎独

“慎独”是儒家的重要修身方法，要求人们自觉地按照道德原则反省检查和规范自己的言行，而且要从最隐蔽和细微的地方做起。

“慎独”最早见于《中庸》、《大学》两书。《中庸》中说，君子在人们看不到的地方，听不见的时候，都应戒惧警惕，不让不符合道德的意念在隐晦细微处表现出来。《大学》是在解释“正心”、“诚意”时讲到“慎独”的，要求人们去恶从善，坚持善良的意志，不要自欺欺人，像小人那样，闲居无事时什么坏事都干，见到君子以后就遮遮掩掩。《大学》、《中庸》讲“慎独”的角度虽然不一样，但都强调修养的自觉性，把能否“慎独”作为区别君子和小人的标准。理学家郑玄解释“慎独”时说“慎独者，慎其闲居之所为”。而朱熹从理学的观点对“慎独”做了进一步的解释和发挥。他认为“慎独”是要人在对待唯己所知而不为人所知的细微的事情上谨慎不苟。

“慎独”作为一种修养方法，反映了道德形成的客观规律。儒家学者认为道德成为人们的行为规范，要靠内心的自觉，不能靠外力的强制。这种自觉性是由于人们把道德规范化为内在的信念，它能从人们的一切言行中表现出来。不仅在公开的、大的事情上能按道德原则办事，在闲居独处、无人监督的时候，也能在各种细小问题上谨慎行事，不做违反道德原则的事情。按照这样的方法进行修养，就可以达到高尚的道德境界。“慎独”也被儒家作为识别人的道德品质的方法，因为他们认为一个人的道德品质往往从最隐蔽、最细微的地方真实地暴露出来。

5. 自省

“自省”和“慎独”是密切相关的。有自省的时间，才能达到慎独的境界。自省要求自我解剖、自我检查，自觉地改正缺点错误。

孔子倡导自省的修养方法。他认为看到好的人和事要学习，看到不好的人和事要自我反省，看自己有没有同样的缺点错误，如果有就自觉改正，如果没有就无忧无惧、心安理得了。

曾子每天从办事、交友、学习三方面进行检查，看是否达到了忠信和学而时习之的要求，树立了自省的范例。

孟子说：“君子必自反也。”荀子也认为君子要“博学而日参省乎己”。孟子说的“自反”和荀子说的“参省”，同孔子说的“自省”、“内省”一脉相承，都是要求人们自觉地检查反省自己的思想言行，发扬优点，克服缺点，以达到提高道德水平的目的。

孔孟之后，自省一直是儒家倡导的基本修养方法。明代王守仁提倡的“省察克治”也是从自省方法发展而来的。王守仁要求人们通过自我检查，克服不符合道德要求的思想行为，而且要持之以恒；要把隐藏的私利欲念找出来，加以克制，不可姑息。

其重要意义在于：首先，运用自省的方法正确地认识自己。人贵有自知之明，对自己的思想、学识、能力，对自己在社会中的地位、角色、作用等等，有正确的认识和评价。这样，才能获得自控能力，提出恰当的目标、计划和要求，以实现自己的人生价值。没有自知之明，就会陷入盲目而四处碰壁。其次，运用自省的方法自觉地克服缺点错误，达到自我完善的目的。人无完人，即便是圣贤也难免有缺点过失。只有不断克服缺点，才能达到成熟完善的境界。因此君子闻过则喜，“过而能改，善莫大焉”。第三，人人都注重自省，有利于人际关系的和谐和社会的安定团结。人们相处中有了矛盾冲突，大家都能反躬自问，从自己身上找原因，矛盾就容易化解。如果只从别人身上找原因，小矛盾也会变成大矛盾，甚至发展到对抗冲突、势不两立的地步。

儒家自省的修养方法基本上是把道德修养看作封闭的个人内心活动，有自觉性、能动性的合理因素，也有脱离群众、脱离实际的唯心主义倾向。

6. 克己复礼

“克己复礼”是儒家学说中的一个重要概念，是修身达仁的最佳方法。

“克己复礼”一词出自《论语·颜渊》一章，在文中孔子认为人要努力地约束自己，使自己的行为符合礼的要求。如果能够真正做到这一点，就可以达到理想的境界了。

对于“克己复礼”的含义，历代儒家们却有不同的解释。宋代学者朱熹认为“克己”的含义是战胜自我的私欲，“复礼”应是指遵循天理。这就把“克己复礼”的内涵扩展大了。朱熹还指出，仁是人内心的完美道德境界，能战胜自己的私欲而复归于天理，自然就达到了仁的境界。

“克己复礼”是一种具体的学习和修养方法，是以遵循社会行为准则为人生目标，对中国人形成以献身社会放弃自我为荣的信念，在困境中保持身心平衡的心境，有着积极的意义。

7. 忠恕之道

儒家的“忠恕之道”是仁在现实社会生活中的实际运用。孔子在处理人与人、人与社会的关系时，阐发了他关于和睦相处的思想，即“忠恕之道”。

关于“忠恕之道”的定义，宋代朱熹有一个简单又经典的解释，即“尽己之谓忠，推己之谓恕”。前者是指把自己立基于宗法共同体之上，将孝悌为本的仁心充分发挥出来；后者则是把自己固有的仁心推而广之，运用于现实的人际关系之中。这样的“忠恕之道”，由于出自人的本心，应该是自觉遵循，而决不是强加于人的。从这样的解释看，孔子的“忠恕之道”是以仁为内容，为行仁所不可或缺的，只有“忠”与“恕”的完美结合，才能在人与人、人与社会之间达到和谐统一。这一观点不只是个人的道德修养，而是表明一种对于社会负有的责任，是在社会关系中推广自己的仁心仁德，不仅要造就自己，同时要造就别人、要造就社会。

明代王阳明对这一思想进一步阐发，他从解释“明德、亲民”着手，指出明德必须体现在亲民中，而亲民就反映了内仁的德性，这样由孝敬自己的父母开始，去孝敬别人的父母，进而去孝敬天下人的父母。就是说，明德是爱己，是立人之体；亲民是爱人，是达人之用。

总之，“忠恕之道”是儒家所要追求的一种合理的社会存在，寄托了儒家对于社会发展的理想。

8. 君子人格

在孔子思想中，“君子”和“小人”获得了很多道德内涵。一部《论语》不过两万字左右，其中“君子”两字出现了110次之多，与另一个《论语》的核心范畴“仁”出现的次数一样多，是出现频率最高的词。

(1) 君子重义轻利

君子把利看得很轻，穷不失义，弱不丧志，并把义利之辨看成是君子和小人的分界线。儒家强调君子应该追求高尚的精神境界，追求道德的完善和心灵的净化，鄙视那些只顾蝇头小利的人。重义轻利的行为规范和价值原则贯彻到现实生活和人际关系中，就是重视道德境界的提高，反对对物质生活享受的追求。但这并不是说君子不懂得利与义的关系，一概反对利，而是强调正当谋利，所谓“君子爱财，取之有道”，利的追求必须处于义的制约之下。君子应把弘道作为人生追求的最高目标，提倡精神追求重于物质享受。除了君子内在的道德品质，就生活和人际关系而论，君子遵礼，社会才能维持“君君、臣臣、父父、子子”的局面，实现上下和谐的社会环境。所以，遵守“礼”是君子最首要的要求。如果行为处世只知动机上的善意，却不知遵守一个人际互动中的规则，那么在社会活动中将会产生许许多多的冲突与争执，这就是不智的行为。君子遵礼体现在辞让谦和、恪守本份、仁德风范等方面。

（2）君子谨言慎行

君子是注重做而不说或先做再说的。孔子时常提醒有理想的君子在社会实践时的谨言慎行之道，这是基于他对人性的透彻体悟而提出来的。他认为如果形势可以让人施展抱负，那么人的立身处事与应对进退就应该谨慎恰当，务求民众福祉与社会教化并行；而如果外界中充满了小人得志时，那么立身处事仍然要守道正直，不可妥协，但在言语之际就要非常小心，注意不要被小人抓以把柄，受到伤害。有智慧的君子应时刻警觉，随时掌握形势，见机观色而动。

（3）君子信以成之

孔子用“文、行、忠、信”教导学生，因此儒家讲求君子要守信誉。但守信不是不求变通，应做到“小大由之，有所不行”。

儒家把诚信看作是君子为人处世的一个根本准则。所谓“信”，就是信用，即言行一致、恪守诺言。君子重诺笃信，提倡“言而有信”，把忠信作为立身之本，没有诚信，言行表里不一，为君子所不齿。这里所谓的“诚”，有真实无妄、坦然无欺、恒久不怠等多种意义。“诚”作为道德修习过程中的一种精神境界，可以在道德的阶梯上逐步向着圣人靠拢，最终升入圣化之境。

总而言之，君子要做到“仁者不忧，知者不惑，勇者不惧”，这样近乎完人的标准，是儒家学者对人品格的理想化目标。

9. 力行

重视“力行”是儒家修身理论的一个重要传统。所谓“力行”，就是竭力而行。孔子是最早明确提出“力行”修身方法的，他认为道德修养不仅要获得知识，提高自己的道德是非辨别能力，更重要的是要化为行动，使认知与践行统一。

(1)《大学》、《中庸》里的力行思想

儒家经典《大学》提出从道德认知到道德践行的八个步骤：格物、致知、诚意、正心、修身、齐家、治国、平天下。格物、致知是讲通过对外物接触获取道德知识；修身、齐家、治国、平天下是将所体认的道德知识运用于道德践行。而道德知识的体认是否真切，道德践行是否笃实，则取决于是否做到了诚意、正心。《大学》对知行统一思想简明精练的概括，对后世产生了深远的影响。

《中庸》进一步深入探讨了知与行的关系问题，提出了道德修养的五步法：博学之、审问之、慎思之、明辨之、笃行之。前四者可统视为“知”，最后一条便是“行”。

(2) 朱熹的知行观

朱熹在知行观方面提出了较为系统的思想，他关于知行统一思想的论述分布在很多著作中。他认为知与行是不可分割的对立统一关系，既相互依赖又互相促进。朱熹所谓的“知”是对自己心中固有的“理”的认识，“理”代表了封建统治秩序和道德原则；“行”是行其所知，是指对封建政治道德原则的践履、实行。朱熹的知行观虽是封建伦理化了的唯心主义知行观，但他提出的知行统一思想，尤其是强调“行”的重要性，都是合理且可取的。

(3) 王守仁的“知行合一”

王守仁提出了以“致良知”为目标的“知行合一”说。他认为人们要懂得“一念发动处便即是行”的道理，他所说的“知”

和“行”，不能从一般意义上去理解，这里的“知”是“良知”，是心中固有的道德知识，“行”则是指“致良知”，即实现封建道德原则。他之所以强调一念发动便是行，是为了从根本上解决行为动机的问题，而人若不会辨别邪恶之念，时日一长就可能影响到人的实际言行。

10. 持志养气

孟子认为士最重要的是“持志”。所谓持志，就是立志或尚志。他的“持志养气”说，字里行间充满着一种精神力量和意志力，充满着蓬勃之气。

在孟子看来，一个人树立了远大的志向，就像三军有了主帅一样，能使“浩然之气”充满全身，浑身充满力量行动就有了内驱动力。他认为“浩然之气”是“至大至刚”的正义之气，它的修养必须同义与道相融合，否则就不会有气势。

“持志养气”是激励人们张扬自我，不畏艰苦，勇于进取，树立自强不息的坚定信念。这对人们修养德行、淬砺功夫、立志成材大有裨益。持志养气还可以使人识大体、明大义，保持正气，不同流合污，有不向邪恶势力屈服的勇气。此外，这一思想还可使人充满了廉正清明之气，鄙薄权势利欲。

孟子强调持志养气就是强调理智与情感的统一，信念与意志互动共生。这在道德教育过程中已经被证实是一种行之有效的修养方法。

11. 穷则独善其身，达则兼善天下

“穷则独善其身，达则兼善天下”，出自《孟子·尽心上》。孟子主张，士人在困穷失意时不能放弃仁义思想，在显达得意时也不

要背离道德；穷困时不失仁义，士人就能安详自得，显达时不背离王道，民众就不会失其所望。

儒家思想认为一个人无论穷困或通达，都需有一种超然的态度，北宋范仲淹就说过“不以物喜，不以己悲”，即不因外物的美好而高兴，也不因个人的得失而悲哀，其实也就是心不为物役，不斤斤计较，不患得患失。只有这样，一个人才不会受现实的局限，不受习俗的束缚，才会活得洒脱。“穷”与“达”都是外在的东西，而仁德之心和真才实学则是内在的。一个人如果改造好了自己，同时也就具备了改造他人和社会的资本。

12. 与人为善

儒家提倡以与人为善的态度进行友好交往。

(1) 孔子的“忠恕”说

孔子虽然没有直接使用过“与人为善”的字眼，但他强调以“忠恕”思想来处理人际间的问题，这意味着人与人之间的理解与沟通首先要建立在对他人的关心、友好与和善的基础上。按照孔子的“忠恕之道”，“忠”指在“己”或“身”方面的存心，“恕”指对“物”或“人”方面的行为，“忠”、“恕”是己与人、身与物、存心与行为的统一，故其本身带有与人为善的交往企求，因此孔子把广交朋友看成是人生最大的快乐。

(2) 孟子的“与人为善”说

孟子直接提出了“与人为善”的交往原则。他认为帝舜所以能由凡入圣，是由于他始终以与人为善的态度接纳对方，这意味着与人为善既是实现主体间互相理解与沟通的前提，也是克服敌对心理障碍，建立互相学习、互相认同和互相信任的良好交往氛围的先决条件。也就是说，人只有怀着一颗善良友好的心进行交往，才能得到对方的同情、关怀和理解，从而产生感情和力量上的共鸣，把事情办成功。

（3）荀子主张“崇人之德，扬人之美”

同孔子、孟子一样，荀子也主张友好交往，把与人为善作为实现主体间相互交流、相互理解和相互沟通的前提。他主张的“善”是指主体交往时所怀有的情感，包括良心、责任心、同情心、义务感等。荀子认为这种“善”是主体间互相认同的心理基础，也是自我对他人和社会所应持有的一种心理倾向。因此，荀子反对以敌视的心态对待他人。

（4）以诚信互通互含

孔子并没有明确提出“诚”的道德范畴，他两次论及的“诚”字均作“真正”、“真实”讲。然而，这并非意味着孔子不讲诚德，他所说的“忠恕”之“忠”即包含着“诚”之意义。孔子认为与人交往首先要真诚无妄，诚实守信。因为在孔子看来，诚信是做人之本，失去它不仅无法做人，而且还会使自己孤立隔绝、寸步难行，无法得到对方的认同、理解。

孟子认为天是信实无欺的，而人欲得到诚信，必须思求信实无妄的“天道”。他还指出人思求至诚的方法在于“明善”。由此，孟子将“信”与“善”相并提，认为与人交往必须以诚信为规约，相互间不能欺诈、虚饰，不能以任何理由或附加条件去要挟对方，必须平等交往。

荀子主张以“诚”养心，强调“夫诚者”，君子之所守也，而政事之本也。因此荀子向往诚信交往，认为在这种氛围中，即使朋友与你争论什么，那也是相互信任的，即使对方出来批评你，只要他批评的正确，你就应尊他为师。

13. 为仁由己

“为仁由己”是由孔子提出来的，是说实行仁德与否完全在于自己做出的决定。在孔子看来，所谓的“仁”，就是对思想行为进行自我制约，以达到符合社会规范、社会要求的境地。

(1)“为仁由己”展现了儒学的实践精神

“为仁由己”表明儒学是重视实践性的哲学，其对理想社会境界的认知需通过实践而实现才是达到了目的。孔子本人就不只满足于做书斋学问的学者，而是具有实践抱负的思想家，甚至“知其不可而为之”。他创立儒学，就是要为他不倦追求的理想社会的实现提供一套思想理论。

(2)“为仁由己”表明了对人的尊重

“为仁由己”思想把人放到了世界特别是精神世界的核心地位，是对人的主体性的尊重。在这一思想中突出了人的地位、人的自觉自为，把人对社会的责任、义务等要求联系起来，并把实现理想社会看作是应该勇于面对、追求和担当的责任与义务。实现“天下归仁”的理想境界，需要人人参与、人人努力，自觉担当。

(3)“为仁由己”体现了“内在性”的致思方式

这里所说的“内在性”，即是指对人的内在精神的重视。孔子以“克己复礼”界定“仁”，就包含了对道德人格进行培育的要求。他把人自身的完善看作是社会完善的基础和条件，由“内”(主观)而“外”(客观)思考理想社会的实现。但孔子要求以“为仁由己”来修身，并不是达到“独善己身”的目的，而是通过这一内在的道德实践，作用于外在的政治和社会。

总之，“为仁由己”昭示着一个理想社会的实现，离不开人的主体性、内在性，体现了儒家一以贯之的“内圣外王”的精神特质。

14. 和而不同

儒家虽然把和谐、协同作为人际交往的理想，但是他们对人际交往中怎样保持个体的独立性而不流于平庸却有着明确的观点，正如孔子所说：“君子和而不同，小人同而不和。”

(1)“和”与“同”的区别

据朱熹所说，“和”即是矛盾双方有差别的统一，是相反相成、互济互补的共生共处；“同”则与之相反，是抹煞矛盾双方差别性的等同或混同，是无条件、无原则的去异而取同。“和”、“同”体现在人际关系的处理上，即前者坚持有原则的和谐，而不随波逐流、丧失独立性；后者则无定律、无原则，人云亦云，无唱不和。所以，孔子把求“和”而不“同”者视为君子，求“同”而不“和”者斥为小人。

（2）慎选交际对象

正是以这种“和而不同”的原则为导向，儒家首先对选择什么样的人作为交往对象做了认真思考。孔子以“仁”为标准，不赞成同任何人都进行交结。孟子同样不赞成同什么人都进行交结，故他对“非其君不事，非其友不友，不立于恶人之朝，不与恶人言”（《公孙丑上》）的伯夷倍加礼赞和歌颂。对于选择什么样的交往对象，荀子也是十分审慎的。他以“类之相从”，揭示了交往中以“道”取友、“以友观人”的重要性。

（3）反对把交往降为党派活动

儒家以“和而不同”为原则，反对把交往降为党派活动。对此，孔子说“君子矜而不争，群而不党”，要求人在交往中超越私人性和宗派性。儒家认为，人的交往活动虽然应贯彻与人为善和诚实对待的原则，但这并非意味着人与人之间可以放弃自己的意志和立场而依附于他人，甚至把交往变为一种结党营私的活动。孟子也认为即使君臣、父子、兄弟之间的沟通，也必须遵循既定的交往规则。孟子还强调同大国或大人物进行交往，不应委曲求全，而应坚守自己的立场，据理力争。荀子同样反对把交往异化为宗派性活动。他认为倘若以无耻吹捧、陷害他人、隐瞒真情、收买贿赂等手段去交结对方，那只能导致交往的失真和变质，而不能真正实现理解与沟通。

（4）提倡交往中的“中道”原则

儒家认为把交往控制在理想的界限范围内需实行“中道”的原则。所谓“中道”，就是孔子所说的“中庸”，其核心意义是指适中或适度，亦是把事物的存在和发展保持在适度的界限内，避免缺乏自觉灵活性的以偏概全。

孟子的“中道”交往观集中体现为“时”、“中”、“权”。“时”是指交往中应根据时间等条件的变化及时调整自己的思想和行动。“中”是指交往主体随着交往条件的变化而使自己的行为举措恰到好处。但是孟子同时认为，交往中如果固执呆板，不懂得灵活把握，因此还必须靠“权”加以操作。

足见，儒家主张的“中道”交往既展示了他们交往意识的自觉性，又是对当时人际关系所作出的一种理论回应。

15. 安贫乐道

“安贫乐道”是儒家学说中最重要的观点之一。安贫乐道，即坚定自己的人生信念，对艰苦的生活泰然处之。

孔子安贫乐道的观点是在对物质与精神进行比较后得出的。安贫乐道的条件是两方面的：一是物质上的困乏，一是精神上的充裕。孔子认为在精神上的充裕足以弥补物质上的不足，而精神上的不足是物质上的充裕所不能代替的。

可见，在儒家眼中，来自物质的快乐并不牢靠，因为人的欲望是永远无法彻底满足的；真正的快乐是来自于内心、来自于精神的。

16. 生死泰然

对生死问题的哲理性思考，在我国春秋时期，就已经比较成熟了，当时的人们认为死亡受命运或规律的支配。儒家的生死观与其入世思想相符合，是理性、现实、充满道德理想的生死观，在中国古代哲学中占据主导地位。

（1）始则有终，以死为息

儒家视死亡为生命发展过程的自然环节，活着尽人生义务，死为自然必至，不必忧虑。孔子对死持超然态度，不以此萦怀，说："未知生，焉知死！"孔子的弟子曾子视死为息。曾子认为对死应处之泰然，生则谨慎做人处事，以求得正，死则免去了人生责任，又有何求。荀子主张"谨于治生死"，认为对生死须持慎重态度，善始善终。西汉扬雄亦认为人死为自然现象，不可求长生不死，与其关心神仙，不如关注人生。南宋朱熹认为生时尽人之所以为人之道，待"生理已尽，安于死而无愧"。

（2）生有所立，死而不朽

儒家重视人生价值，强调人生责任和对社会的贡献，赋予有限的生命以永恒的价值，做到"死而不朽"。孔子说："君子疾没世而名不称焉。"就是说君子生时要立德、立功、立言，被后人赞许，则死而不朽。孟子称赞"舜为法于天，可传后世"，又说："君子创业垂统，为可继也。"这都是指人死而业绩不朽。扬雄认为人生而有死，有德之人死而不朽；求仙者只乞求长生，不思有益于社会，这种人"名生而实死"。

徐干在《中论·夭寿》中对生命之寿和业绩不朽有精彩的论述。虽然他对"仁者寿"的解释未必是孔子的原意，但他借此所表述的思想，则在劝人在有生之年，建功立业，做到死而不朽。

（3）生固可贵，义重于生

儒家讲死而不朽，意在重视人生价值，并非不重视生命，他们也讲贵生、珍生、养生。荀子认为，"人有气有生亦且有义，最为天下贵也。"但儒家贵生、珍生，并不以个人生命为最高价值。他们认为，生不是不可贵，生也不是不可舍。生之所以可贵，是因为它是义的载体。人活着不是苟生，为生而生，而是在生与道义的抉择面前，义无反顾，以身殉道。

儒家的生死观思想主张积极入世，奋发有为，生则有所奉献，死则泰然处之，以理想事业作为衡量生死价值的标准，在生与道义的考验面前"舍生取义"。

第八章

儒家的教育观

人之于文学，犹玉之琢磨也。

——《荀子·大略》

1.“大教育”观

儒家教育思想是中国传统教育思想的主体，它作为一个庞大的思想体系，是一种“大教育”观，即对社会全体成员实施持久的、全过程的、全面性教学内容的教育。由于受其特有文化观和哲学观的影响，儒家教育思想特别重视教育与社会政治、经济的相互制约、相互作用关系。

“大教育”观具有如下特点：在教育范围方面强调教育对象的广泛性；在教育性质与作用方面强调教育与社会政治、经济的不可分性；在教育目的方面强调培养有助于社会稳定与发展的全面性人才；在教育内容方面强调整体性与全面性。

2. 儒家教育的功能

儒家教育强调教育与社会政治、经济的密切关联性，重视教育在社会发展、人格塑造方面的作用。

(1) 孟子的教育功能观

孟子认为，教育的作用在于经过扩充人固有的“善性”而达到治理国家的目的。这个“善性”即人固有的恻隐、羞恶、辞让、是非之心。孟子十分重视教育对政治的作用，认为只有善性的扩充，才能保证天下稳固，人民的安定。

(2) 荀子的教育功能观

荀子从“性恶论”出发，认为教育的作用在于转恶为善，强调教育、环境和个体的有机结合。他认为，国家统一的根本手段在于暴力，而暴力的基础是教育，因为教育是礼法之治的关键。同时，他还主张政治、教育、环境与个体之间的协调与有序。

(3)《礼记》中的教育功能观

作为儒家经典著作的《礼记》，则在更高层次上把握了教育与政治、经济的关系，体现了儒家以德治国、重视个体修养的精神。儒家认为教育的作用一方面是为国家培养所需人才，另一方面是形成社会道德风尚及良好习俗。《礼记》虽然重视政治、经济对教育的作用，但更强调“以教治国”、“以德治国”，这样就把道德教育与政治紧密联系起来，把个人的道德修养与维护国家的安定紧密结合起来。

因此，儒家关于教育的功能的阐述，都是围绕教育对治理国家的重要性而展开的。

3. 儒家教育的目的

在教育目的方面，儒家思想体现为培养德才兼备的治理之才，强调个体与社会的和谐统一。

（1）先秦儒家的教育目的观

孔子为了实行“德政”，提出“举贤才”的教育目的观。孔子所谓的“贤才”集中表现为德才兼备的“君子”。他认为“君子”应当具有道、德、艺、仁、智、勇多方面的品质。

孟子继承并发展了孔子的教育思想，提出以“明人伦”为教育目的。所谓“明人伦”就是让人明白在各种社会关系中自己所处的位置以及处理这些关系的行为准则和规范，这些关系为“父子有亲，君臣有义，夫妇有别，长幼有序，朋友有信”。这其中孟子很重视“孝悌”，因为他希望把国家的统一，政治理想的实现，建立在血缘宗法关系的基础上，而孝道就是连结宗法关系的纽带。

荀子的教育目的观则是培养“大儒”式人才。荀子认为教育应当依据德才兼备、言行并重的标准培养各类人才。这种人才要有利于治国理政，有助于实现礼法兼治的政治理想。

先秦儒家的教育目的观尽管在具体主张上不尽相同，但他们皆以培养治国人才为目的，注重个体与社会、主观与客观的统一。

（2）宋明理学家的教育目的观

宋明理学家对先秦儒家的观点加以继承和发展。不论是朱熹的“明人伦”，还是王阳明的“致良知”，都十分强调个人主观对道德修养的能动性，重视个人对自己道德行为的责任感，并把这种责任感与社会义务统一起来。他们主张克制自己心中的物质欲望，尤其是非道德的物质欲望，尽可能使自己的言行思想与社会秩序、伦理道德规范统一起来。

综上所述，儒家关于教育目的的论述具有两个明显的特点：一是培养德才兼备的治国之才，二是突出其伦理政治观。

4. 儒家教育的内容

儒家在追求“自我完善”的过程中，十分注重道德知识的学习、道德意志的锻炼、道德情感的陶冶和道德行为的履行，并且强调把它们作为一套行之有效的道德修养方法结合起来教育学生。因此，在教育内容方面，儒家思想强调以德为主，兼顾智、体、美，追求道德与知识的对立统一。

（1）德智统一

儒家教育思想中，以其政治文化观为底蕴，道德教育始终被置于首位，但儒家并不忽视知识教育，而是把二者有机结合起来，即以道德教育为本，知识教育为辅，做到“知行合一”。

（2）授之以“经”

儒家教育内容主要是经学。经学是孔子以传统“六艺”为基础删定编纂的，包括《诗》、《书》、《礼》、《乐》、《易》、《春秋》“六经”。“六经”作为教材并成为后儒的主要教育内容，被奉为经典。儒经之所以成为后儒以及整个封建社会的主要教育内容，是因为历代儒家认为它是最有道德价值的知识。

（3）“子以四教”

“子以四教：文、行、忠、信”，即文献、品行、忠诚、信实。其中，“行”、“忠”、“信”都是道德教育方面的内容，而“文”则是指文献中的智、体、美等内容。

5. 儒家教育的对象

儒家教育强调“有教无类”，强调教育对象的广泛性、民主性。这在儒家的办学形式上得到了充分的体现。

（1）倡办私学

孔子以前，“学在官府”，称为“国子学”，只有国君和王公贵族的子弟才能入学，学习内容为礼仪文化、典章制度等。因而也只有贵族子弟才有当官的资格。孔子开创办私学的先河，使“官学”下移到民间，让平民子弟也能“下学而上达”，参与国家和社会的管理，以实现其政治思想。

（2）有教无类

在办私学的同时，孔子明确提出了“有教无类”的思想。“有教无类”是指不分国度、阶层，只要有心向学，都可以入学受教。孔子的弟子来自鲁、齐、晋、宋、陈、蔡、秦、楚等不同国度，打破了当时的国家界限。孔子的弟子有来自贵族阶层的，也有很多是来自平民家庭，而平民教育更能体现孔子“有教无类”的精神实质。“有教无类”思想的实施，扩大了教育的社会基础和人才来源。

6. 儒家道德修养的方法

儒家教育不是狭隘的教育，单纯的知识灌输或汲取不是他们的目的。儒家思想认为，一名合格的儒者首先要有坚定的道德志向和意志，“立志”是学生的首要的任务。其次学生还需要修炼道德情感，而“陶冶”是道德情感的修养方法，道德情感是人们对于客观事物是否符合自己的观点、要求而产生的一种内心体验。情感陶冶的重要影响因素是环境，因此，儒家格外重视利用环境因素进行情感陶冶，如孔子曾有近朱者赤、近墨者黑的说法。第三，他们十分注重道德行为与习惯的培养与训练。孔子重视学生身体力行，言行一致，做到“言必信，行必果”要求学生说话谨慎，办事勤快。荀子则更重视道德实践。而王阳明进一步主张教师应每天清早上学时考查学生在家“孝悌”的表现，通过具体的日常生活中的行为，加强学生的道德训练。

7. 重视胎教

中国是世界上最早提出胎教的国家。胎教理论最早萌发于古代人期盼得到一个好孩子的美好愿望。早在2000多年前的《黄帝内经》中，就有关于“胎病”的论述。

胎教也是儒家教育理论的重要内容。孟子是继孔子之后的一位伟大思想家，他的母亲说过这样一段话：“吾怀妊是子，席不正不坐，割不正不食，胎教之也。”即“我在怀孩子时，席子不正不坐，肉切不方正不吃，就是要对孩子实行胎教”。

在历代大儒中，王充十分重视胎教，他认为决定人性的因素有遭性、随性和正性，在母亲怀孕期间，母体内外环境的变化可以改变胎内情况，甚至使胎儿有所残缺。因此，要想使胎儿在发育阶段内外环境和谐，使其人生具有一个良好的起点，必须重视胎教。

南北朝时的著名教育家颜之推所著《颜氏家训》一书的《教子》第二篇中，就列有“胎教之法”。南宋时期著名思想家、教育家朱熹，在教育专著《小学》中，以“胎孕之教”为首论，认为人受教育应从胎内开始，对孕妇在饮食、睡眠、坐立、所看所听的内容都要有一定的要求，应连晚上都要请那些诵《诗经》、讲历史的人来对孕妇实行教育，这样生下的孩子就会形貌端正、才华过人。实质上这些是对孕妇进行孕期保健、增强营养和提供良好的外界环境，使孕妇保持良好的心理状态，从而对胎儿的发育产生积极的影响。

8. 重视儿童教育

儒家教育理论中蕴含了丰富的儿童教育思想，其中又以王守仁的教育思想为主。

王守仁十分重视儿童教育，他认为封建传统教育约束和压抑了儿童身心的发展，他批评当时的儿童教育存在三大弊端：重机械记忆，不重启发思维；重消极防范，不重积极诱导；普遍采用体罚，摧残儿童的身心。他认为这样的教育方法，会使儿童的心智得不到正常发展。

他认为儿童时期正处在一个重要的发展时期，儿童的精力、身体、智力等方面都在发展过程中，因此教学必须考虑到这个特点。王守仁认为，正确的童蒙教育应该考虑到儿童“乐嬉游而惮拘检”的心理特点，像园丁栽培花木一样，通过“诱之歌诗”、“导之习礼”、“讽之读书”，培养儿童的道德、情感，发展儿童的智慧，增进儿童的身体发育，从而使儿童德、智、体、美等各方面均衡、健康地发展。他提倡自求自得与独立思考，认为学习必须独立思考，强调自求自得，反对崇拜偶像、盲从教师的学习方法。王守仁还认为儿童教学“授书不在徒多，但贵精熟”，因此，教学应该留有余地，这样孩子就不会因学习艰苦而厌学，而乐于接受教育。

王守仁的儿童教育思想，虽目的是为了向儿童灌输封建伦理道德，但他反对传统儿童教育方法和粗暴的体罚等教育手段，要求顺应儿童性情，根据儿童的接受能力施教，使他们各方面都得到发展，反映了他教育思想的自然主义倾向。

9. 重视家庭教育

儒家学者们非常重视家庭在教书育人问题上所发挥的作用。第一，儒家思想倡导的家庭教育首先推重“孝悌”观。这不仅有利于促进家庭内部的和谐、有序，而且具有尊老抚幼的社会保障功能。第二，儒家思想倡导家庭教育重视读书的作用。这有利于提高人的素质和敬业精神。第三，儒家思想倡导创立的“家国同构”的教化模式，把教化功能分摊到每个家庭里，直接把家庭这个社会基本单位及人所依赖的生活环境变成了道德教化的组织机构，并在全社会建立起一个家家有责、人人践行且代代相传的社会教化机制。

10. 因材施教

“因材施教”是朱熹在总结孔子的教学方法时提出来的。孔子一生从事教育事业，成功地把因材施教的方法运用于教学实践之中。因材施教是指教师要从学生的实际情况、个别差异出发，有的放矢地进行差别性教学，使每个学生都能扬长避短，获得最佳发展。

（1）根据才智高低进行不同的传授

孔子区别受教育者的才智高低而进行不同的传授。例如颜渊是孔子最得意的学生，在孔门弟子中以突出的德行修养而著称，所以孔子就用仁的最高标准来要求他，使他的一举一动都要合乎礼的规范。仲弓对人不够谦恭，不能体谅别人，孔子就教他忠恕之道，要能将心比心，推己及人等。根据每个学生基础和造诣的不同，孔子的施教方法也有不同，更有针对性和实效性。

（2）不用千篇一律的说教

孔子注意从学生的具体实际出发进行教学，不用千篇一律的说教。弟子们同样问孝，孔子的回答也不尽相同：孟武伯问孝，子曰：“父母唯其疾之忧。”这是针对这位学生不关心父母的冷暖疾病而说的；子游问孝，子曰：“今之孝者，是谓能养。至于犬马，皆能有养；不敬，何以别乎？”孔子认为子游注意照顾父母的生活，于是就提出要加强对父母的恭敬，如果对父母缺乏敬爱之心，与犬马没有什么差别，等等。

（3）随时了解学生的变化

孔子之所以能做到因材施教，是因为他经常分析每个学生的特点，对每一位学生的才能、性格都做到心里有数。孔子也很注意学生的年龄特点、心理状态和思维过程的不同特点而施教，真可谓变化无穷。

孔子因材施教的教育思想在中国教育史上的影响是深远的。孔子的学生之所以各有所长，也正是他因材施教的结果。

11. 学而知之

孔子认为态度好坏，是学习好坏的前提。

根据孔子所言，人的知识来源有三个渠道："生而知之"、"学而知之"、"困而知之"。"生而知之"是先天的、本能的，不学自通。"学而知之"、"困而知之"是后天的、学来的。其中，"学而知之"主要通过后天的学习手段获得；"困而知之"主要是通过经历困苦所获得的经验教训。

儒家认为"困而知之"所获得的知识经验，虽然印象深刻，但代价太大；"生而知之"的学习态度，孔子也不赞同，因为人的先天条件差异是比较小的，这样的学习态度无法取得进步；只有学而知之是自古以来治学立身的良训，也是为人处世中能够有所成就的根本之策。因此在学习中主要在于一个"勤"字，只有肯坚持勤学苦练、持之以恒，才能真正成为有用的人才。

12. 不愤不启，不悱不发

启发式教育是孔子最重要的教育思想。他在长期的教育实践中认识到，要使学生获得广大博深的学问，就必须依靠学生自觉地思考，发挥他们的主动精神。孔子认为：如果一个人不发愤求知，我是不会开导他的；如果一个人不是到了自己努力钻研、百思不得其解而感觉困难的时候，我是不会引导他更深入一层的。不难看出，孔子的这种启发式教育的精神就是，学习的主动权必须交给学生，以发展学生的思维，使其学会举一反三；而教师在教育活动中只起到主导作用，即对学生有目的地引导和及时启发。

13. 快乐学习，学以致用

（1）要快乐学习

孔子是愉快教学的积极倡导者。他深知，要博学必须愉快地学，要学习得好必须心情舒畅，所以启发学生说：“学而时习之，不亦说之。”指出学习是一件快乐的事。他还把“乐学”作为治学的最高境界。所以，孔子学习起来“发愤忘食，乐以忘忧，不知老之将至”。因为他在学习中发现了乐趣，这本身就是一种最高的享受了。

（2）学了要经常实践

儒家思想认为，人生是一个学习—实践—再学习—再实践的循环过程。学了不实践几乎就等于没有学，缺乏学习的实践也是毫无趣味可言的。将所学用于具体的实践，是令人愉悦的，每个人都可以从中获得自己心灵上的满足。

14. 学思结合

学思结合的学习方法是儒家最为强调的。一味的读书，而不思考，就会被书本所连累，从而受到书本表象的迷惑而不得甚解。但只是一味的埋头苦思而不进行书本知识的积累，进而进行研究推敲，就只能流于空想，并产生更多的疑惑而更加危险。只有把学习和思考结合起来，才能学以致用。只强调一面或者使两者脱节都不可能取得良好的学习效果。

其实这个问题，孟子也有所论述，他在《孟子·尽心下》中说：“尽信书则不如无书。”这是精辟透彻的读书法，他要求学生要善于独立思考问题。《尚书》是儒家经典之一，孟子敢于对《尚书》这样的权威著作进行独立思考，勇于质疑的精神值得我们钦佩。

15. 学问结合

“问”在儒家教育思想中是极为重要的。孔子认为，紧扣住事物去问、去思，就能领悟到如何做人、如何为道的道理。针对孔文子的谥号，孔子评论说，孔文子聪明、勤奋、好学，又能谦虚地向不如自己的人请教问题，不以为耻，所以谥他为“文”。孔子把学与问联系起来，揭示了人们探求知识的途径与规律，把“问学”作为一种重要的学习方法。

（1）每事问

对待知识和学问，孔子有一个实事求是的态度。他曾对他的学生子路说，知道了就说知道了，不知道就说不知道，不要不知道装知道，这才算是真正的知道。正因为如此，孔子对待事物、学问总是做到不随意主观猜测、不绝对肯定、不固执已见、不自以为是。

（2）不耻下问

在学习的过程中，每个人都会遇到一些疑问，不管你的地位多高、学问多多、年龄多长，都是一样。因此孔子提出“不耻下问”。孔子为了弄清古代“以鸟名官”的情况，专门跑到鲁国的附庸小国——郯国去向郯子请教。当时孔子的名声在鲁国已经很大，去被人视作蛮夷之国的野蛮之人求教，可作为不耻下问的典范。

16. 治学四戒

孔门弟子记述了孔子做学问的态度，说孔子做学问和他立身行事一样，绝没有以下四种坏习惯：毋意、毋必、毋固、毋我。这就是孔子著名的“治学四戒”，它既是学习方法，更是重要的思想方法。

第一是“毋意”，就是不要毫无根据地主观臆测。人都情绪化的动物，看问题很容易带主观色彩，忍不住就会妄加猜测。对于老师来说，更要做到“毋意”。如果他们随便对学生进行凭空臆断，或者以貌取人，或者戴上了有色的眼镜看待学生，就会伤害学生的心灵。

第二“毋必”，就是不要绝对化地肯定或否定。宇宙万物随时都在发生变化，人的思想、身心也在变，任何人想求一个不变、固定都是不可能的。这就要求我们为学为人要冷静思考，要辩证地看问题，不把事物绝对化，不走极端，要用发展的、比较的眼光看事物，说话办事留有余地、讲究分寸。

第三是“毋固”，就是不要拘泥守成而固执已见。固执是一般人常有的缺点，它常常表现为固步自封，认死理、僵化，缺少新意和创造性等等。这需要我们大胆地推翻自己，寻求突破。

第四是“毋我”，就是不要听不得别人意见而唯我独尊。孔子学富五车，却仍然谦虚谨慎，说“三人行，必有我师”。人生就是活到老学到老，要懂得在各方面都逃不脱“山外有山天外有天”的道理，更何况“术业有专攻”。因此妄大自大、自以为是、目空一切等都难逃自我失败的下场。

第九章

儒家文化与传统文化

富贵比于浮云，光阴逾于尺璧。

——唐·杨炯《王子安集·原序》

1. 儒家文化与中国传统文化的联系

中国传统文化源远流长、博大精深，而儒家文化在中国传统文化中则占据着重要的地位。

（1）儒家文化是中国传统文化的主干

儒学的这种地位是在历史发展中形成的。在2000多年前，孔子创立的儒家学说是在社会大动乱中通过对历代流传下来的中国传统文化遗产进行反思，认真清理和重新加以诠释而形成的。孔子提倡“信而好古”和“好古敏以求之”，使儒学具有深厚的历史渊源，成为中国原典的保存者和当时中国传统文化的集大成者。孔子非常注重实践精神，坚持“察知征信”与“因革损益”的原则，使儒学具备审慎的因时制变的品格。

儒学超越了单一民族观念和思想体系，注重激励民族精神与爱国主义，同时倡导民族和睦、友好相处，对中华民族共同体的形成与巩固起到了凝聚作用，因此儒学成为了中华民族共同的精神支柱。儒学提倡的德化社会、德化人生思想对中国人产生了深远影响，成为中华大地共同的文化心理基础，具有一种积存深厚的民族凝聚力。

（2）儒家文化体现了中国传统文化的兼容性

中国传统文化并不是一个封闭的系统。尽管在中国古代对外交往受到限制，但它还是以开放的姿态，兼容并包，蓬勃发展，其中儒学“和而不同”的精神为其实现这一目标贡献了巨大力量。儒学在保持其学统传承的同时，不断地汇通、吸收和融合外来文化的优秀成果。儒家文化对外来文化的强大吸收能力和同化能力相辅相成，出色地承载了中国传统文化的兼容精神。

（3）儒家文化代表了中国传统文化的经世致用性

文化的本质特征是促进自然、社会的人文化，儒家文化突出中国传统文化经世致用性，以究天人关系为出发点，主张修身、治国、平天下，力求在现实社会中实现人的最高价值。

2. 儒家文化与道家文化

在中国传统文化的多元成分中，儒家和道家是主要的两极，几乎从诞生以来，它们之间就形成鲜明的对立和有效的互补，给予整个中国传统文化以深刻的影响。

儒道两家各有自己的经典和依据，互不相借，唯有《周易》例外，《周易》是儒道两家共同崇尚的典籍，里面有着深刻的道理。《周易》形成于两家形成之前，成书于两家出现之后，虽是儒生所著，却渗透着大量的道家思想，如形而上之道、阴阳化生之理等等。而儒家与道家的对立与互融正是体现了阴阳的交感相推之道，所以能够成为中国传统文化中的一对基本矛盾。

（1）孔孟和老庄比较

这四个人分别是儒、道两家的宗师和代表。作为儒家圣贤，孔孟给后世树立了道德的典范形象，具有完善的道德人格，以救世安民为己任，富于理想，谆谆教人。老庄作为道家开创者，给后世树立了智慧和艺术的典范形象，具有高度的悟性思维能力，以宁静淡泊为操守，宜然自得，顺乎自然。

（2）人性论比较

儒家人性论有孟子性善说、荀子性恶论、董仲舒性三品说、杨雄性善恶混说等，其共同点是强调后天道德教化的作用，认为没有礼乐法度的修饰，人性不能臻于完美。道家人性论有老庄人性恬谈朴素论、郭象人性自足安命论等，其共同点在于强调自然天真，排除人工的雕琢和礼法的强制束缚，越是自发自成，越是纯真完美。

儒家的人性论看到了人的社会属性，看到了精神文明教育的重要性；道家的人性论看到了人的生理与心理属性，觉察到繁杂的宗法伦理对人性的压抑和对个性的摧残。两者皆有所得，亦皆有所偏。

（3）人生观比较

儒家的人生观，以成就道德人格和救世事业为价值取向，内以修身，充实仁德，外以济民，治国平天下。其人生态度是积极进取的，对社会现实有强烈的关切和历史使命感，以天下为己任，在生命与理想发生不可兼得的矛盾时，宁可杀身成仁，以成就自己的道德人生。

道家的人生观，以超越世俗人际关系网的羁绊，获得个人内心平静自在为价值取向，不关心社会事业的奋斗成功，只要顺任自然之性而不相扰，向往和谐宁静的人生。其人生态度是消极自保的，以免祸全生、各安其命为目标，有明显的出世倾向。

（4）学说思维比较

儒道皆属于辩证思维，看到矛盾的对立统一。儒家的辨证法尚刚、主动、贵有，善于发掘生命的前进轨迹，以自强不息为本，易于抓住矛盾的主导方面；道家的辨证法则尚柔、主静、贵无，善于觉察事物发展中的曲折、反复和否定因素，重视生命内在底蕴的积累培育。儒家之所短，正是道家之所长。儒家的思维比较接近现实人生，道家的思维遐想于天地之间。

儒道两家皆以天人合一为最高精神境界，但儒家是以人道推论天道，将天道融入人道，而道家是以天道推论人道，将人道融入天道，形似而实异。

3. 儒家文化与释家文化

儒家是中国本土文化，释家是外来宗教本土化的表现。早期儒家最关心的是哲学而非信仰问题，并且在哲学中最关心的又是伦理或道德问题而非抽象思辨问题。早期佛教也是这样，从“四谛”、“八正道”等基本教义中可以看出，其哲学成分要重于信仰的成分。

无论是儒家，还是释家，都非常注重个体的心性修养。儒家代表人物孔子、孟子、荀子都非常注重个人的道德修养，并以修养来作为判别君子与小人的标准。在儒家理论或思想传统中，道义原则具有至高无上的地位，唯功利目的或诉求始终是受到拒斥的。由释迦牟尼创立的佛教也奠定了以心性修养为根本的基础理论，而佛教在传入中国后，也在心性或佛性问题上做了很多探究，出现了很多为人称颂的高僧大德。

但同时，儒家和释家也存在着明显的区别，最重要的便是伦理在各自思想中的地位与意义不同。儒家自始至终保持着很高的伦理诉求，对道德生活有着很高的要求。但释家显然不同，它不强调入世，因为它不是一个以伦理或道德生活为主旨的宗教。

4. 儒家文化与法家文化

法家文化是中国传统文化的重要支脉。在先秦诸子中，针对社会问题，儒家提倡仁爱，墨家主张兼爱，而道家则提倡“无为”思想，此时主张面对未来的法家横空出世。

(1) 法家文化特点

法家重视法律，反对儒家的“礼”制，主张以法治国，“不别亲疏，不殊贵贱，一断于法”。法家主张：法是由国家制定和公布的成文规范，包括赏与罚两种手段，是规范人们行为的准则；法具有强制性、客观公平性、严格等级性及时代民情性；法的起源是与国家的起源联系在一起，是国家发展到一定阶段的产物；法可以定分止争，禁恶止乱，制民胜民，尊君独裁。

(2) 法家与儒家思想的异同

先秦儒家和法家所产生的历史背景基本相同，他们的思想里都透露着民本意识，在一定程度上有利于当时社会生产力的发展，具有历史进步性。

在对待当时社会现实方面：儒家坚持传统的治道，认为治理百姓应该以礼以德，不应该以法以刑。在这点上看，儒家面对当时的社会现实是保守消极的。而法家认为，应该以法治国，人性是“好利恶善”的，从历史进化的角度来推行法治是必要。因此，法家当时对待社会现实是积极的。

两者所维护的制度不同。儒家所维护的是特权的礼治，是贵贱有序，是分封世袭制度。法家是要统治者充分认识法的重要性，维护的是新兴地主阶级建立的封建专制集权制度。

5. 儒家文化与礼仪教育

自古以来，中国就是“礼仪之邦”，把礼仪、礼义作为体察国家政治制度、纲常伦理、习俗民情的重要手段。注重礼仪和礼义教育，主张“克己复礼”、“居仁由义”，则是中国传统学校教育和社会风俗教化的特色。而将礼仪、礼义变为一种文化，主要是儒家的贡献。

儒家学派不仅把“礼”列为教学内容，而且把这种以“礼”为核心的教育作为国家政治制度、人伦道德秩序建设的基础。因此，儒家重视礼制建设，形成了非常重要的学术观点。

(1) 道德仁义，非礼不成

儒家认为，礼仪是规范人们社会活动秩序的道德，是人类生活各方面无处不在的基本行为准则，具有不可替代的作用，也是人类区别于动物的本质属性之所在。

(2) 礼者，不可不学也

儒家认为，一个人必须知礼仪、懂礼仪，礼仪教育的作用在于使人知道如何端正仪容身态，表情适当，言辞恭顺。礼是修身做人的基本准则，教育人们道德规范知识，并对人们实施礼仪行为能力培养，学会尊礼好礼，对于促进每个人获得做人的尊严，具有重要意义。

(3) 安上治民，莫善于礼

儒家认为，礼是国家政治大事。实施以礼为主的教育是一个国家建设政治秩序、社会道德秩序的基本措施。一个国家、一个地区的风俗人情、文化素质、道德水准等都取决于礼乐诗书的教养；一个国家、一个地区的政治必须建立在礼仪教育的基础上。良好的礼仪教育具有防微杜渐、徙善远罪、促进社会和谐生存与发展的作用。

6. 儒家文化与天文历法

儒家对中国古代科技发展有着积极的作用。据司马迁的《史记·孔子世家》记载，孔子所整理过的典籍，主要有“六经”。这些在汉代被立为儒家经典的典籍中有不少篇章包含着丰富的古代天文知识。

《大戴·礼记》中的《夏小正》是我国现存最早的具有丰富物候知识的著作。一般认为，现存的《夏小正》有经、传之分，其中的经是孔子编订过的。《夏小正》一书按照一年中月份的顺序，对各个月份的物候、气象、天象和农事活动分别做了记载，涉及天文、气象、动植物等许多方面的知识。

《诗经》中也有不少诗篇涉及到了物候、动植物学、地学、天文学等知识。在天文学方面，《诗经》中的一些篇章已经提到作为古代天球坐标体系的二十八宿，还有天汉（银河）的记载。尤为重要的是，《诗经》中还记述有日食现象，是古代文献所记述的最早的一次日食。

《大戴·礼记》中的《曾子天圆》记述了孔子的弟子曾子与学生讨论天圆地方的宇宙结构问题。曾子在宇宙论上提出过许多见解，对以往的天圆地方的“盖天说”宇宙结构提出了责难和怀疑。曾子还认为，圣人应当依照日月运行规律，观测星辰的运行，推演四季天象的变化，制定历法，同时要制定音律，并且通过历法和音律的阴阳相互协调来治理天下。

在《尚书》中，《尧典》为独立一篇。其中，《尧典》曾记述了帝尧制定历法的情况，大意是帝尧命令羲氏、和氏通过观测日月星辰的运行制定历法，告知百姓。其具体的做法为：昼夜等长的时候，当黄昏时见到鸟星升到中天，即为仲春或春分；白昼最长的时候，见到大火星升到中天，即为仲夏或夏至；昼夜又等长到时候，见到虚星升到中天，即为仲秋或秋分；白昼最短的时候，见到昴星升到中天，即为仲冬或冬至。此外，《尧典》中还有一些关于天文学的知识，这在当时具有重要的科学价值。

《礼记》中的《月令》包含丰富的天文知识、物候知识以及农业科技方面的知识。与《夏小正》相类似，《月令》也是按照一年中季节的变化顺序，对各个季节的天象、物候和农事活动等分别作了记述。

这些科技著作作为儒家经典的一部分世代流传，不能不说是儒家对于古代科技发展的一大贡献。

7. 儒家文化与中医学

中医学是植根于中华传统文化的一棵参天大树，而儒学是传统文化的主流，儒家的中庸思想深深地渗透于中医学的理论之中，与中医学的“阴阳平衡”理论交相辉映。

儒家认为中庸是不偏不倚，既不过分也无不足，以中和为常道。儒家思想认为，喜怒哀乐未曾表现出来的时候，处于不偏不倚的“中”的状态，其表露出来以后，符合常理与法度，称之为“和”。“中”是人们行为的根本，“和”是人们行为的准则。

儒家的中和思想对应于中医学中的“度”思想。“度”即适度，属于事物的最佳状态。中医学认为人体的生理状态与外界自然界的环境是相互配合的，处于“常度”的状态。在病因上，中医学认为疾病的发生从根本上说，是阴阳的平衡遭到破坏，出现了偏盛和偏衰，所以有了“补其不足损其有余”的重要治疗理论。

因此儒家倡导“君子”要能够适度地把握内心的精神世界，正确地应付外来的客观因素的刺激，从而保持身心的平衡健康状态。这正是中国中医学保持生理及心理健康的准绳。

8. 儒家文化与饮食文化

儒家文化中蕴含着丰富的饮食文化。儒家思想对提倡节食寡欲，提高修养，清淡入世，要求儒士“食不厌精”，居安思危、防患未然，这样才会激励自己不断向前发展。

孔子反对铺张浪费，注重饮食文化的精神内涵。他认为饮食不要贪图吃精粹，不要注重吃得多好，吃前最好要拨出一点用于祭祀，以表示内心的虔诚和恭敬。

但在儒家经书中却不难看出，仍有关于中国饮食文化的记载。

典籍中记载中国饮食文化南北互交，兼收并蓄，甚至在发展的过程中还不断地吸收外来文化的饮食特色。《易经》、《诗经》等记载了古代的食品原料，主要是牛、马、羊、猪（豕）、花卉、子薇、芹，以及水产品的种类。被儒家捧为“六经”之首的《周易》也多处提到古代先人们的饮食、起居、出行、储粮等生活方式。

《诗经》中的《小雅·鹿鸣》中记载的饮食场景，可以让人感受到当时的儒士在具有浪漫情怀的山林中伴着咚咚的山泉流水声，鼓瑟吹笙、饮酒作乐的一派悠然自得的生活。

9. 儒家文化与茶文化

中国茶文化糅合了儒、道、佛诸派思想，尤其是以儒家文化为核心。中国茶道，自古就多方体现儒家中庸之温、良、恭、俭、让的精神，并寓修身、齐家、治国、平天下的伟大哲理于品茗饮茶中。

古人认为，喝茶是雅事，所以一起喝茶的人亦不能太俗。因而就有了品茶、品人，茶品、人品之说。他们在品茶时对人数是有严格限制的，否则就会落下“施茶”的话柄。张源在《茶录》中说：“饮茶以客少为贵，客众则喧，喧则雅趣乏矣。独啜曰神，二客曰胜，三四曰趣，五六曰泛，七八曰施。”

表面上看，中国儒、道、释各家都有自己的茶道流派，但其形式与价值取向是不尽相同的。释家在茶宴中伴以青灯孤寂，旨在明心见性；道家茗饮寻求空灵虚静，避世超尘；儒家以茶励志，沟通人际关系，积极入世。可见儒家主张在饮茶中沟通思想，创造和谐气氛，增进彼此的友情。饮茶的同时可以更多的审己、自省。而这种和谐、友谊的茶道精神正是来源于儒家文化的中庸思想。

10. 儒家文化与酒文化

酒文化作为一种特殊的文化形式，在传统的中国文化中有其独特的地位。回顾几千年的文明史，我们发现，儒家文化与酒文化是分不开的。

夏、商、周至秦，酒成为了统治者自觉用来维护统治、保护特权的武器，出现了所谓酒以成礼，礼以器壮的文化特点。人们对酒礼、酒器的重视程度，在先秦时期似乎超过了此后任何一个时期。在神圣的占卜、祭祀活动中，酒礼、酒器占有很大的比重。这在人类的历史长河中，绝无仅有，在《礼记》这本儒家典籍上，对乡饮酒礼做了相当严格、繁细的规定。这里的“酒礼”已经变成了不折不扣的儒礼。

“酒德”二字，最早见于《尚书》和《诗经》。酒德的含义是说饮酒要有德行，遵循酒德，方为君子。无论在祭祀敬神、养老奉宾时，都需有酒，但不能荒淫过度，儒家提倡“德将无醉”。“无醉”是自我克制、自我把握的尺度，也是酒德起始的具体体现。醉则失礼，醉则昏乱丧德，因而孔子告诫弟子：“肉虽多，不使胜食气；惟酒无量，不及乱。”

酒德观念是儒家酒文化思想的核心，也是儒家修身养性，从政化民的政教哲理的延伸，儒家还把酒礼、酒德上升到政治的高度，反对“酗酒废政”，并将酒德政教的精神推行了下来，从而将儒家的酒德观念抬高到中国酒文化体系中的重要地位。

11. 儒家文化与服饰文化

中国古代服饰的发展和变化，受儒家思想影响极深。儒家的伦理道德观念作为“礼”的重要成分，已经渗透到中国各阶层穿衣戴帽的诸多细节中。

(1) 穿衣与君子之德

“君子之德”是古时上层社会男子的道德标准。君子服饰的基本准则是“非先王之法服不敢服”，即必须按礼法的规定穿戴，既不僭上，也不逼下。以此为原则，形成了一系列贵族男子服饰的规范。其中，不但有如何穿戴的问题，有些服饰形制本身也被注入了道德的内容，甚至对待服饰的态度也与道德有关。

儒家认为，男子在公开场合免冠、袒衣露体都是不道德的行为；即使天热，也不能把裳（下裙）撩起来，否则，就是“衣冠不整”。冠是士以上阶层的身份标志，一般情况下均不能免冠。孔子的弟子子路为冠而丢掉性命的故事曾经广为流传。

儒家把“奇装异服”看作是大逆不道的事情，并严加谴责，一律禁止。古时称奇装异服为“服妖”，被视为预示人事变乱的不祥之兆。所以，历代关于禁止“服妖”的记载时有可见，也有人因此而被杀。

儒家还以服饰象征道德，把穿着与道德教化统一起来。某些服饰的形制或含意用道德标准来加以诠释，使之成为穿在身上的教科书。例如周朝服装中最典型的深衣。深衣是一种上下连属的男服，上至君王下至庶人皆可穿着。古制的在深衣形制上十分严格，《礼记·深衣》对此有详细规定和说明。它虽然不是法服，但圣人服之，先王（周文王）爱之，而当时庶人吉服只有深衣。

男子尚且如此，在男尊女卑的时代，对妇女在服饰方面的道德约束更加苛刻。儒家不但把妇女的服饰与“节操”相联系，强调妇女对男子的从属地位；而且以宽松型服饰掩盖妇女的形体，达到“存天理、灭人欲”的目的。

除了上述的君子之德和妇人之德，围绕“孝”和“忠”的观念，中国的服饰也形成了许多独具特色的形式。有的是将忠孝观念渗透到文化内涵中去，有的则是将忠孝像标签般贴在服饰上，其广泛性是世所罕见的。

第十章

儒家文化与处世修养

临渊羡鱼，不如退而结网。

——《汉书·董仲舒传》

1. 掌握黄金人脉

人脉资源是一种潜在的无形资产，是一种人生财富。子曰："德不孤，必有邻。"有道德的人是不会孤单的，一定会有思想一致的人与他亲近。孔子的这句话揭示了人与人之间关系带来的必然结果，一个人如果无"德"，自己只对自己好，心里只想着自己，那么必将固步自封，最后成为孤家寡人。这样的人不会有人愿意和他交往、共处，自然不会有好人脉。

儒家主张一个人不要把自己孤立起来，因为真正的有德之人全都是生活在人群中间的。一方面，有道德的人自己有修养和风范，自然会影响周围的人，吸引别人成为志同道合的朋友；另一方面，有道德的人献身于道德学问中，会耐得住孤单和寂寞，即便暂时没有得到他人的理解，也会在道德学问中，在先贤的思想和人格中找到朋友，这样他便不会孤立。说到底，因为道德是跨越时间和空间的局限而绵延发展的，所以有道德的人便不会受任何限制而掌握好的人脉。

2. 乐享人生

儒家哲学不是枯燥乏味的学术研究，而是充满了趣味的人生指南。从另一个角度看，整部《论语》讲的就是如何拥有一个快乐的人生，如同道家的“逍遥”，提倡潇洒生活。儒家讲求在传播知识中获得快乐，这样不仅可以提高自己的知识水平，也可以愉悦心灵。

（1）儒家的快乐观

快乐和物质无关。《论语·学而篇》记载：一次子贡问孔子，一个人能够贫困但不谄媚巴结别人，有财富而不骄傲自大，怎么样？孔子说，能做到这样已经可以了，但还是比不上贫困却能快乐、有财富却能好礼的人。因为孔子认为占有太多的财物，就有可能损害道德。

可见，在孔子这里，快乐实际上是个人的心态和感悟问题，是个人的道德问题，和贫穷还是富有没有什么关系。

（2）儒家的快乐法

简单来说，儒家的快乐方法有两个：“益者三乐”、“损者三乐”。

孔子认为对人生有益的快乐有三种：一是以得到礼乐的调节为快乐。孔子认为一个人在生活中如果有节制并且合乎规范，就可以得到快乐。二是以道别人的优点为快乐。人如果称道别人的优点，让别人快乐了，同时自己也会感受到快乐了。三是以多交贤友为乐。

孔子也提出了三种对人生有损害的快乐：一是以骄纵之乐为快乐。这容易使人目盲、情乱、心狂，轻则犯错误，重则身败名裂。二是以闲游浪荡为快乐。这种快乐会使人游手好闲，吊儿郎当，荒度人生。三是以大吃大喝为快乐。山珍海味吃得多了，不知道节制，就会变为“腐肠之药”，对人是没有快乐而言的。这些“快乐”确实会给我们带来一时的愉悦，但说到底却是给我们带来损害的，有的是精神上的麻木，有的是身体上的损坏，因此是不宜的。

3. 减压之道

疏解压力是摆在现代人面前的难题，儒家认为的减压方法有两个：劳逸结合，及时疏导。

（1）劳逸结合

孔子非常重视生活、工作的节奏，他揭示的“一张一弛，文武之道”，是明智的减压原则。“张”是拉紧弓弦，“弛”是放松弓弦。“一张一弛，文武之道”，原来是指周文王、周武王治国的方略，后来也指治理国家要宽严相济，互相补充，交替使用，引申到生活、工作中，是说要控制好其中的节奏，让自己可以安稳前行。

（2）及时疏导

人在生活、工作中难免会因压力而情绪不佳，那该如何给心灵疗伤呢？《晏子春秋·问上》里记载了孔子自我减压的好办法，即找特点不同的学生来聊天。要是生活困倦的话，孔子就让学生季次、原宪来陪他聊天；要是感情上积郁难抒，就把子路、子夏叫到身边；要是办事情碰到阻碍，就与颜回、骞雍一起排解忧愁。可见，找对情感倾诉的对象，遇到的问题也就迎刃而解了。

毛泽东曾写道：“你们的缺点主要是把弓弦拉得太紧了。拉得太紧，弓弦就会断。古人说：‘文武之道，一张一弛。’现在‘弛’一下，同志们会清醒起来。”

4. 拥抱挫折

每个人都不喜欢挫折，都想尽可能地规避它，可是又从来没有人能摆脱它。针对这一点儒家先哲们又用什么智慧来克服的呢？

孔子，从一个国家到另一个国家，苦口婆心地劝诫国君们恢复他认为最理想的秩序——周礼，而不要再继续厮杀，可是没有一位君主们认同他的观点，反而认为孔子纯属添乱、多事，甚至咒骂他是“丧家之犬”，以至于孔子不是被人追杀，便是被驱逐出境。

但执著于理想的孔子没有气馁，“知其不可为而为之”，即使走投无路，也能随遇而安，百折不挠。整整 14 年，忧郁的孔子从一国到另一国，坚忍不拔地游说，屡战屡败，屡败屡战，直到没有一个国家的君主愿意理他、愿意收留他，他才无可奈何地踏上返回故里的归途。

子路曾经问孔子：君子也有忧愁吗？孔子回答得很深刻：君子在还没有得到官职之前，以追求理想为快乐；君子在得到官职之后，又以现实理想为乐趣。因此是“有终身之乐，无一日之忧”。可见，孔子的高明之处在于，把每一个目标分为两个阶段：第一个阶段，是在追求的过程中，以实现自己正确、崇高的理想为快乐；第二个阶段，是在已经成功之后，为自己的成功而快乐，为实现自己的理想而快乐。如果我们有像孔子这样的理念，便不会再为挫折烦恼了。

5. 好善乐施

追求财富是现今社会人们普遍而合理的愿望，也是古来就有的愿望。但过度追求财富也会让人类迷失方向，诱发无限的贪婪欲望。儒家智慧中有对财富观的阐述。

孔子说，“富与贵，是人之所欲也”，相反“贫与贱，是人之所恶也”。在孔子看来，对财富的关注是再正常不过的事情，没有什么好避忌的。富有，对于个人还是国家，都不是一件坏事。而孔子的另一个重要的财富理念，是治理一个地方，乃至一个国家，要让人民先富裕起来。

在古代，“执鞭之士”干的都是比较低贱的活儿，要么是维持集市秩序的守门人，要么是为天子和诸侯看门或为他们外出时开道、维持秩序的人。孔子认为，如果财富是可以求得的话，就算是这种低贱的工作，他也可以去做。

孔子曾经收下了鲁国国君送他的一辆车。孔子认为，有了车他外出讲学时就会很方便，还会把先进的文化带给国君，并能把他的理念推广出去，可以更有利于国君的统治。安定国家、教化民众，这对鲁国都是有好处的事情。在孔子看来，送的礼要合道、合义，这样才能使人安心地收下。

看来，孔子和我们一样看重金钱，但是他比我们智慧的是，他可以保证自己不受金钱的束缚和桎梏，能做到君子爱财取之有道，好善乐施。

6. 忠于本心

儒家有两句话：一是“达则兼济天下”；一是“先天下之忧而忧，后天下之乐而乐”。但许多人会在在这一过程中患得患失，达不到目的便怨声载道，实在有违儒家思想的宗旨。

孔子曾赞扬伯夷、叔齐这两个人有高尚的道德，说他们心中只有“仁”。仁，是人生的正确途径，既然在追求人生的正途，便没有什么好抱怨的。即使别人不了解自己的才干，怀才不遇，但仍不要因此怨叹时运不济。这种心态无疑是君子的表征。可见孔子有不惧人生得失、不计私人恩怨的豁达之心。他认为快乐的产生并非由于外在的界定，而是生于自我心中的精神力量。不管自己的才华有多高，见闻有多广，别人赏识与否，都不会影响自己的心境，无论“达”还是“穷”，都要永远忠实于自己的本心，那就是君子之心。

7. 谦虚好学

孔子说学道方面，自己是“当仁，不让于师”，甚至可以“朝闻道，夕死可矣”。

儒家提倡为道而学、为道而教、为道而施，忧道不忧贫。为此，孔子“入太庙，每事问”，别人笑他既然博学晓礼为何还要“每事问”，他回答说好问正是“礼”。按《论语》、《史记》、《春秋左传》等文献的记载，孔子明确拜学过多位老师，学习的内容涉及礼、史、官制、琴、术等。

终其一生，孔子一直都是个谦虚谨慎的人，从不骄傲，不自以为是，他对自己的评价一直很低调，但唯独对自己“好学”这点，孔子是自信的，并深引以为傲。对孔子而言，学习是他一生中“不亦悦乎”的快事，“学如不及，犹恐失之”。

8. 智慧养生

在养生学方面，儒家也有代表性的学术思想和观点，对现代人的养生有很好的指导意义。

（1）要有健康理念

养生的首要条件，是要珍爱生命，对生命要有一份敬重与珍视。儒家认为，君子总试图让自己处于平安、安定中，然后听天由命；小人却在做险恶的事情时，怀有侥幸心理。君子对于生命不开玩笑、不冒险、不抱侥幸的心理，所以他们才能够健康长寿。

儒家对人的生长、发育、衰老各个阶段的生理特点和应该注意的事项也很有研究，他们不但能透视到人性的弱点，而且还能深刻地揭示如何克服和战胜人性的弱点，使得人在每个阶段都能正常、健康地生活。

（2）重视疾病

儒家对于疾病是很重视的，他们对生死有一个很好的心态，对于疾病很坦然。儒家的很多人物还对医道有所研究，主张治病强身，不要随意毁坏自己的身体。这里显示的有医道、养生之道，更有人道。

（3）强调精神调摄

《礼记·缁衣》说："心以体全，亦以体伤。"儒家认为养心与养形是养生的重要内容，然而精神与形体之间，具有统帅支配作用的是精神。养生首先要强调精神调摄，而最好的方法是减少物质欲望。人生存在着欲望是正常的，然而只能在社会许可的条件下实现欲望，不可有过分地要求，这就需要遵循"礼"的原则。儒家关于精神调摄的原则，在中医养生学思想中得到了阐发和应用。

（4）倡导饮食卫生

儒家对于饮食卫生十分重视，为了保证身体健康，提出了饮食保健的原则：饮食精细，烹调得当，进餐定时，营养丰富，味道美，有利于消化吸收，并且提醒人们一定要食新鲜、清洁的食物，以防止疾病的发生。同时，其也强调调和饮食五味，要顺应四时的原则。

（5）常用脑

现代医学告诉我们，一个人持之以恒地学习对大脑有好处。孔子活到老，学到老，使得他的脑力一直处于良好的状态，这有益于他的长寿健康。儒家认为智者可以学习许多生存的智慧，可以用智慧来应付人生中的各种磨难，可以学用养生的知识。

儒家的这些养生思想，是极宝贵的养生经验，因而为历代养生家所遵循。

第十一章

儒家文化与当代世界

为政以德，譬如北辰，居其所而众星共之。

——《论语》

1. 儒家文化对亚洲的影响

儒家文化不仅在中国，而且在全世界都占有相当重要的地位。它很早就传到周边国家，尤其是东亚，并对那里的人们产生了深远的影响。

（1）儒学对韩国的影响

早在公元1世纪初，《诗经》和《春秋》等儒家典籍就已传入朝鲜半岛。朝鲜半岛三国时代，朝鲜的统治阶级非常重视儒学，把它视为维护秩序、加强王权的思想武器，采取各种措施加以引进和推广。高句丽设立太学，传授儒家学说；百济建立儒学教育制度；新罗则在中央设立国学，招收贵族子弟学习儒家经典。

高丽王朝建立后，在首都开城设立国家最高学府国子监，在地方十二州设立乡校，广泛推行儒学教育。958 年，高丽开始举行科举，把儒家经典列为主要考试科目，且出现了私学，从而推动了儒学的迅速发展。

朝鲜王朝时期，为了加强封建专制统治，统治者十分重视儒学教育，尤其推崇程朱理学，把它视为维护封建统治的舆论工具。朝鲜王朝的儒学教育有官学和私学两种形式。官学中以成均馆为国家最高学府，另在首都汉城设有中学、东学、西学和南学等四学，地方各道和邑设有乡校。私学则是各地的儒家学者创办的私塾或书堂，是朝鲜王朝教育的重要组成部分。朝鲜王朝通过科举考试选拔人才、任用官吏。考试科目主要有儒家经典以及有关现行政策和各种形式的汉诗等。

如今，儒学在韩国仍占据主要地位，很多韩国人深受儒家思想的熏陶。孔子的名字家喻户晓，其“为国尽忠，敬信节用，爱民如子，人伦之中，忠孝为本”的思想已被众多韩国人所接受。

（2）儒学对日本的影响

儒学传入日本的时间比朝鲜半岛稍晚，大约是在5世纪以前。据史料记载，百济的阿直岐、王仁是最早来到日本的儒者，并且带来了《论语》和《千字文》等儒家典籍，同时讲授儒家学说。

继体天皇曾要求百济国王定期向日本派遣五经博士，传授儒家思想。圣德太子运用儒家思想制定“十二阶冠位”和“十七条宪法”，体现了德、仁、礼、信、义、智，并强调“君主至上”。他还多次派遣使节和留学生到中国，积极汲取中国文化，促进了儒学迅速发展。日本“大化改新”期间，在中央设立太学，在地方设立国学，各置博士、助教，招贵族子弟，授以儒家经典，其中《论语》和《孝经》为必修科目。由于统治阶级的积极扶持和奖励，儒学在日本逐渐超出贵族官僚上层社会而普及到社会各个阶层。

南北朝时代，程朱理学传入日本，受到统治阶级的重视。但由于佛教的影响，儒学未能在日本取得优势地位。到了德川时代，实行了严格的等级身份制度，为适应封建专制统治的需要，儒学才摆脱了佛教的压制，成为德川幕府的正统思想体系，儒家由此达到空前繁荣的时代。

（3）儒学对越南的影响

儒学对越南文化产生了很大影响。东汉末年，广西人士燮游学洛阳，研究《左传》、《尚书》等典籍，后任交趾（今越南境内）太守40余年。据《越南四字经》记载，在三国时期越南已开始了儒学教育。

10世纪越南独立以后，各王朝的典章制度大多取法于中国，政府选拔人才也采用科举制度，以诗、赋、经义等为考试内容。13—14世纪之交，中国儒家典籍大量传入越南。宋元时期，越南刊刻过不少儒家经典，出现了不少明经的儒家学者。15世纪初，明成祖曾下诏，礼遇从越南到中国来的各方面人才，尤其是明经博学的儒家学者。

2. 儒家文化对欧洲的影响

儒家文化在其形成和发展过程中，与欧洲文明的相互交流，它一方面汲取来自欧洲各地的文化精髓，另一方面影响了欧洲的政治、经济和文化，甚至在欧洲以理性反对神权的启蒙思想和近代文化中起到了重要作用。

（1）16—18世纪欧洲传教士对儒家文化的欣赏与传播

儒家文化的西行之路，开始于西方传教士对儒家经典的欣赏和翻译。从16世纪开始，欧洲传教士陆续来明朝布道，同时，他们也是最早的儒家典籍翻译者与传播者。

西班牙传教士沙勿略较早地向西方介绍了在儒学影响下的中国人的精神文化特点。他赞扬中国“以正义卓越著称，为信仰基督教的任何地区所不及”，“中国人聪明好学，尚仁义，重伦常，长于政治”。儒家第一个西传译本是西班牙道明会士高母羡翻译、范立本编的《明心宝鉴》。该书载有孔子、孟子、荀子、朱熹等儒学家有关论述，译成西班牙文后，开始在欧洲流传。意大利传教士罗明坚在中国期间用拉丁文翻译并在回国后出版的《四书》，成为最早拉丁文版的儒学著作。1614 年，法国传教士金尼阁将利玛窦的札记手稿译为拉丁文并在德国出版，后在欧洲被译为多种文字而广为传播，其“对欧洲的文学、科学、哲学和宗教等方面的影响，可能超过任何其他 17 世纪的历史著述”。到了 17 世纪中后期，来华传教士开始向欧洲大量介绍儒学，其中有儒家各类文章典籍，并刊发了相关期刊。

18 世纪时，到中国来的传道士增多，由于他们的努力，在欧洲形成了持续百余年的“中国文化热”，孔子、儒学在欧洲受到了前所未有的重视，法国巴黎大学更成为当时中国文化热的中心。

(2) 儒家文化对欧洲启蒙思想和近代文化的影响

不同于基督教神学对儒学的传播，欧洲启蒙思想因借鉴儒学思想而使许多思想家深受启发。

18 世纪的欧洲处在以反对宗教神学、提倡理性为主要特征的启蒙运动中。儒学影响下的中国教育制度和选士制度，因有别于官位世袭、贵族拥有极大特权的欧洲而备受赞赏。儒家无神论的哲学思想、德治的政治思想、重农轻商的经济思想、融政治与道德为一体的伦理思想，给了欧洲启蒙思想家很多启示。

儒学在欧洲的传播，深深影响了欧洲的文化理念。歌德很早就接触儒家思想，他曾将《中华帝国全志》中的《赵氏孤儿》改编为《哀兰伯诺》，还赋诗期望加强中德文化交流与合作。席勒曾先后写下两首《孔夫子的箴言》，借孔子之名阐发其人生哲理。总之，儒家思想深深吸引了近代欧洲许多思想家，对欧洲近代文明的发展产生了积极的影响。

3. 儒家文化与现代政治文明

儒家政治伦理思想是我国传统文化的重要内容，继承儒家政治伦理思想的精华及合理成分，对于加强当代中国政治文明建设，具有一定的现实意义。

（1）取“德主刑辅”的思想精华

儒家“德主刑辅”的执政思想引申出一系列崇德、育德、践德的理论与实际做法。儒家认为德和刑都是君主所要关心的对象。统治者虽可用政治禁令以致刑罚来治理民众，但被治者却是由于害怕惩罚而不是出于羞耻心才为善而不为恶。而德和礼是从改善人的内心入手，能收到更好的效果。

（2）鉴“和为贵”的政治价值追求

儒家倡导“和为贵”的政治价值追求。在儒家政治伦理思想中，除了对“和”的重要性的强调之外，还提供了对达到“和”的境界的中间环节——待人处世及社会心态的合理说明和解释，是从社会心态到为人处世方面的要求。

（3）承“以仁为本”的合理内容

儒家提出了以“仁”为基本特征的社会理想，在施“仁政”与“求大同”的政治理想中，包含着以人为本的思想精华，反映了儒家美好正直的政治理想。儒家“仁”的思想具有一种超越阶级的普遍性，随着时代的变迁其内涵会不断扩张与丰富，带给人新的启迪。

4. 儒家文化与社会道德文明

儒家思想是世界德育思想的重要组成部分之一，儒学是一门有着强烈重德求善价值取向的学问。

（1）人格培养作为德育之根本

孔子的成功之道是发现并加强了德育的“基础教育”，而德育的基础，就是他所谓的“务本”，即要学会做人，成为为人民大众谋福祉的人。孟子进一步发展了孔子的这一思想，认为要做一个真正合乎道德规范的人，必须具备完美的人格，而实施德育的过程就是塑造和完善人格的过程。孟子认为，有无人格是区别人与兽的标志，丧失人格就要沦为禽兽，所以造就人格是德育的根本任务。例如“富贵不能淫，贫贱不能移，威武不能屈”的人格标准，便在中华民族历史上发挥过巨大作用。

（2）重视德育的方法与途径

儒家的道德教育不仅注意“务本”，而且还提供了实现这一目标的具体途径和方法。其具体实施步骤是：孝、悌、忠、信。儒家认为要先从自己最亲近的人开始培养仁爱之心；在对父母尽孝的基础上，进一步上对师长、对上级尊重和敬爱，对国家则要尽“忠”；对子女要慈爱，对下级要关怀、爱护、帮助；对兄弟友爱的基础上，对平辈也要讲友爱，对朋友要态度真诚，讲求信用。当这几步都做到以后，再进一步要求“将心比心”、“推己及人”的道德修养，这样就不难在上述基础上把仁爱之心扩展到全社会了。

这样的道德教育方法、途径，由于步骤清楚、指向明确，每一步都是按照由近及远、由亲至疏的顺序，因而便于人们去躬行践履。

5. 儒家文化与现代经商之道

儒家文化在为经济和社会发展服务的过程中不断得到了证实和提高，并与现代企业管理有机地结合在一起。

（1）入世有为

儒家主张积极入世，对国家、社会具有强烈的责任感。作为社会重要组织之一，企业的直接目的是赢利，但赢利绝不是唯一目的和准则，更高层次的目标在于为社会创造价值和财富，有着强烈的社会使命感。企业要以其产品来服务他人、服务社会，进而赢得利润，那么对经营方式就必须有所为有所不为。企业经营的产品只有与社会进步相辅相成，才会有更广阔的市场前景，才会给企业带来更稳健的利润，最终使企业获得长足的发展。

（2）以人为本

儒家倡导“仁”的思想，而企业文化的特点之一就是要以人为本，将“物”的管理和“人”的管理有机结合起来，以“人”的管理为主，所以从一定意义上说，所谓企业文化就是企业的“人化”。抓好企业文化建设，首先必须从“人”着手，重视人的价值和人格，即“民为贵”；正确把握人性的本质，推己及人，“己欲立而立人”。只有这样，才能“得道多助，天下顺之”。

(3) 为政以德

孔子认为，“德”是领导者必备的修养，明确指出在上位的人一定要以身作则。如果身居领导位置的人不能行德政，百姓就会不顺服。虽然儒家典籍中所论及的领导者都是指君主和官吏，这些“为政之道”也是为统治者服务的。但就儒家所倡导的“为政以德”思想本身和其诞生的年代来看，都极其难能可贵。

(4) 以礼治企

儒家的以礼治国思想对于现代企业管理具有很重要的借鉴意义。现代企业中的“礼”可以内化为企业人际关系、精神风貌、行为准则等，也可以外显为礼仪、品牌、服务、公众形象等。作为“礼”的这些要素与企业文化的主要构成不谋而合，它为企业的顺利成长起到有效的促进作用。

6. 儒家文化与环境保护

儒家思想中有着浓重的环保主义色彩。

(1) 知天畏命

孔子用八个字揭示了“天命”，即“四时行焉，百物生焉”，这正是天地万物自然变化的规律。孔子把“知天命”看作是君子才具备的美德，强调他们应该遵循天地自然变化的规律。进而孔子提出了“畏天命”，他认为人不仅要遵循自然规律，还要体现天人合一的生态伦理意识，敬畏天命，树立君子人格，维护人类社会健康发展和生态平衡。

(2) 对自然引导和调整

儒家认为天道与地道是相对峙而又相协调的，其协调是由人来做中介的。荀子提出“制天命而用之”的自然观，强调人类活动的主体能动性，要注重对自然的顺应与调适。儒家认为人兼具天地乾坤的刚健柔顺之道，既应该顺应自然规律，又应该积极进取，按照天地万物的属性来改造和利用自然，以曲成万物，使之更好地为人类的生存和发展服务。

（3）合理利用自然资源

儒家反对对大自然的无情掠夺和过度开发。孔子认为自然规律是不能违背的，需“使民以时”、“节用而爱人”，不浪费资源。儒家经典《中庸》提出“赞天地之化育”的思想，主张掌握人、物之性，行事不违人性、物性，以参与自然的循环过程，而不“加害”于自然。儒家主张把动植物都包括在爱物的范围内，强调按时间季节有节制地获取。《礼记》同时还提出了以经济法令为手段对环境资源进行管理。

（4）生态和谐

儒家认为世间万物是休戚相关的，万物都是自然之子，人类要以平等意识尊重自然万物的存在与个性。孔子把天地看成是一个生生不息的创造万物和人的流动过程，这个过程是有机和谐的。这体现了儒家博大的人道主义胸襟，是对人与自然关系最为深切的理解。它告诉人们，与自然要和谐相处，营造和谐共生的生态文明社会。